4人の息子を甲子園に送った父が教える

夢をかなえる金の5ヵ条

正美

二見書房

はじめに

僕は本を書いたり講演をしたりする専門家でもなんでもなく、野球が大好きなただの頭のはげた沖縄のおじさんです。

ではなぜ僕が、このように本を出版することになったのか考えてみました。

僕は約15年前、少年野球チームの監督をしていました。

チビっ子たちに僕自身が野球を通して教わってきたことを教えていました。

そのなかのひとつとして、こんなことを話していたんです。

いいか。

いままでもお前たちはいろんなお願いをされてきただろうけど、これからもいろんなお願いをされるよ。

たとえばお母さんにちょっとお願いをされたときでも、いままでだったら、

「なんでまた俺に？」

「なんで弟も妹もいるのに、いつも俺にばかりか？」

そんなことを考えてきただろう？

だけど野球が上手くなったり、夢をかなえたりするためには、ちょっとでも何かお願いされたなと感じたら、

「チャンス到来！」

と思ってやるんだよ。

お前たちにできないお願いごとはいっさいされないよ。

必ずできるお願いしかされないから、上手い下手は関係なく、とにかく一生懸命やるんだよ。そうしたら次はお前にとって良いお願いが集まってくるんだよ。

そんな話をチビっ子たちにしていました。

そしたら小学生、特に低学年の子供たちは素直なので、こんなことを言ってくるんです。

「監督！　じゃ、俺も何かお願いされて一生懸命やったら、試合に出られるんですか？」

「そうだな。出られるかもしれんよ。だからお願いされたと思ったら一生懸命やるんだよ。俺も見とくから」

それからしばらく経った日曜日に、あるお母さんが僕のところにあいさつに来たんです。そのお母さんは仕事が忙しくてグラウンドに来る機会がなかなかありませんでした。その日は夕方の、練習が終わってグラウンドを整備したり、後片づけをしたりしているときにやって来て、僕にこう言いました。

「砂川監督、いつも子供たちに、野球だけでなくいろんなことを指導してくれてありがとうございます。けっこうウーマクー（沖縄の言葉で「きかん坊」の意味）だった私の息子が、最近はお利口になってますよ。そして私が頼みごとをしても、ニコニコしてやるようになったんです。どうしたんだろう？　と思ったら、監督からいろいろなことを教えてもらっていることを聞きました。本当にありがとう」

そんな風にお礼を伝えられました。

「砂川監督、私は中部で6年生を担任する教師をしています。来月、6年生たちが中学に上がる前に、ぜひ砂川監督が野球少年たちにしているお話をしてください。全員で１４０名います」

えっ？　１４０名ですか？

「そのうち半分以上が女子です」

女子生徒もいるんですね（当たり前です）。

心のなかで僕は考えました。野球少年の40〜50名の子どもたちだったら、あーじゃこーじゃと話をするのは得意なのですが、１４０名の一般の小学生、女子もいる……これは無理だなと思ってお母さんに言ったんです。

「僕は無理です。できないですよ」

そしたらそのお母さんは目を丸くして言いました。

「あれ？　砂川監督、私はいまお願いをしてますよね。あれ？　うちの息子は砂川監督が、お願いをされたってちょっとでも感じたら、チャンス到来と思ってやれ、そしたら良いお願いがいっぱい来るんだよ、って教えてくれたと言いました。いま私はお願いしてますよね？」

「はい、わかりました」

そうして7年前に初めて、小学校で一生懸命、汗をかきながら話をしたんです。

すると運がよかったのか悪かったのか、これを聞いた別のお母さんがまたほかの小学校の先生をしていて、次にその学校に呼ばれて講演をすることになりました。

当時は、僕の4人息子のうち2人が甲子園大会に出場していました。そんななかお願いごとを断らずにどんどん講演をやっていると、3人目も甲子園に行けたんです。お願いを断らずにやっていたから良いことが来たんだな、と思いながらアルプススタンドで応援していました。そしたらさらに2年後、4人目の息子も甲子園に行ったんです。

お願いされたら断らない。

これによって本当に奇跡が起きるているな……と感じました。

「4人息子が全員甲子園に行っているなんて珍しい！」

「すごい！」

結局、4人息子全員が甲子園に行ったものだから、今度はいろんな人が、なぜ4人息子全員が夢をかなえることができたのかについて語ってくれと、さらに声がいっぱいかかるようになりました。

僕からは「講演をさせてくれ」「こんな話ができますよ」などは1回も言ったことがないんですが、あっちからもこっちからもお願いされて、携帯電話が鳴るたびに、見たこともない番号から連絡が来るようになりました。

「△●小学校の○□です。砂川さんはお願いをされたら断らずに来てくれるそうですね？」

先日はとうとう渡《と》嘉《が》敷《しき》島まで行くことができました。お願いごとを断らずにずっとやってきたことによって、いろんなご縁がつながって、いろんな人と知り合いにもなってたくさんの勉強をさせてもらっています。

今回も僕はお願いをされたので、この本を書きました。

ちょっとだけ「僕には無理だよ」という思いもしたんですが、今回も上手い下手は関係なく、一生懸命やってみます。

砂川正美さんとその妻。そして全員
が甲子園出場を果たした砂川４兄弟

もくじ

第2章 4人の息子、甲子園へはばたく

第3章

黄金の5ヵ条が育てた野球小僧たち

第4章

野球小僧ひとすじの人生から生まれた5ヵ条

第5章

「ありがとう」が「夢」をかなえる

第1章

4人息子の夢をかなえた黄金の5カ条

おとう、どうしたら甲子園に行ける？
４人息子の夢がかなった！

この本で僕がお伝えしたいのは夢の実現の話です。

４人の息子が奇跡のような夢をかなえた、夢のような本当の話をお伝えしようと思います。

２００２年の夏、沖縄代表の中部商業が甲子園初出場を果たし、開幕戦で帝京高校と激闘をくり広げます。

初回で帝京に５点を取られ、その後も９―１と差をつけられるものの、７回表で中部商業はいっきに７点を奪い１点差に迫りました。

７回裏で帝京が２点を追加し、11―８で中部商業は残念ながら敗退。しかし夜になっても沖縄県は熱気に包まれていました。

いつもケンカばかりしてやんちゃな４人の息子たちは当時、長男が小学６年生、次男が４年生、三男が２年生、末っ子が幼稚園児でした。その夜、彼ら４人がそろって真剣な顔をして僕のところに相談に来たんです。

「おとう、相談がある。俺たち夢がある。いまテレビでやっている甲子園の高校生みたいに、俺たちも高校生になったら甲子園に出て活躍したい」

「よし、わかった。いいか、お父さんは、甲子園に行く方法を知っているぜ」

「おとう、マジ？　本当に行く方法があるのか？」

「本当だよ。お父さんがいまからお前たちに５つのことを教える。それを聞く前に……、お父さんを信じてこの５つのことを実践するっていま約束するなら教えるよ」

そう言ったら幼稚園児の四男が言いました。

「おとう、やる！　やるから早く教えれ」

「よし、わかった。じゃあ、お前たちはどうだ？」

兄貴たちにも聞きました。

「おとう、**本当にその５つのことをやると甲子園に行ける**のか？」

「行けるよ」

「わかった。俺らもやるよ。やる！　だから教えて！」

「よし、わかった。教えるよ！」


4人息子全員が甲子園に行く、という夢の実現には、そんなきっかけがありました。

「夢をかなえる方法を知っている」

「5つのことをやれば甲子園に行ける」

息子たちにそう言いはしたものの、そのとき実は僕の頭のなかには、ひとつもその答えがありませんでした。

でも息子たちが真剣に「おとう、早く教えれ」と言うものですから、「よし、わかった！」と僕は話しはじめたんです。

僕は小学、中学、高校、大学、社会人までずっと野球ひとすじで生きてきたので、たくさんの素晴らしい指導者たちから、いろんないいことを教えてもらっていました。

そのなかからひらめいたものを、ひとつずつ息子たちに伝えることにしたのです。

それが本書でお伝えする「夢をかなえる黄金の5ヵ条」でした。

第1章

4人息子の夢をかなえた
黄金の5ヵ条

甲子園を目指し、少年野球チームで
がんばっていたころの4人の息子たち

黄金の5カ条 その1

夢を決めて紙に書く

作文でもいい。絵でもいい。写真を撮ってもいい。

とにかく夢を決めて、目に見えるところに出します。

イチロー選手も中学・高校で全国大会に出て活躍して、一流のプロ野球選手になる、と作文に書いています。そのために1週間のうち友達と遊ぶ時間は5〜6時間、ドラフト入団で契約金は1億円以上とかなり具体的に夢を描いていました。

大谷翔平選手も、「8球団からドラフト1位指名」を目標とし、そのためにやるべき体づくり・メンタル・運などをきたえるための具体的な方法を高校1年生のときに書いていました。

サッカーの選手も同じことをやっています。

だから最初にやることは**頭のなかで想像している、かなえたい夢を表に出す**ことなんです。

これが1つ目です。

子供たちにはこう言いました。

「お前たちは甲子園に出て活躍したいって夢をお父さんに言ったから、それを忘れないように、見ていつでも思い出せるように、作文でもなんでもいいから書くんだよ」

黄金の5カ条 その2

夢がかなったときのかっこいい自分を想像する

想像することは自由で勝手でいいんです。

誰にも遠慮せず、本当にかっこいいな、すごいなって思うようなことを想像しろ、

というのが夢をかなえる方法の2つ目です。

6年生の長男が言いました。

「俺、ＰＬ学園のユニフォームを着て、5万人の前で甲子園に入場するって想像してもいいのか？」

「かっこいいじゃないか。そういうことだよ」

当時はＰＬ学園が強かった時代でした。

幼稚園児の四男坊も言いました。

「おとう、俺、ホームランを打っていいか？」

「おう、打て打て。かっこいいじゃないか。お前がホームランを打って、ダイヤモンドを走る姿、お父さんも見たいな」

そんなことをいっぱい想像すればいいんです。自分が夢を達成したときの周りの匂いや風をイメージしてください。

そのかわり自分だけが輝いているのでなく、応援してくれた人をはじめ、**いろんな**

人が喜んでいる姿も想像するんだよ、と伝えました。

「自分の姿だけじゃない。おじいもおばあも応援してくれているだろ。だからおじいとおばあはどんな顔をして喜んでくれているのかなっていうのも想像するんだよ」

自分が夢を達成したときのシチュエーションを具体的に、周りの匂いや風までイメージするということをアスリートたちに指導する話をよく聞きますが、それを小学生にもわかりやすいように伝えてください。

たとえばお前たちが甲子園に行ってヒットを打って、塁に出て、盗塁を決めて、小さくガッツポーズをしているとか、そんなふうにイメージするんだよ、と。

そんなワクワクするような、ニタニタするようなことを遠慮なく想像せえ、ということです。

子供たちが顔を上げて僕に言ってきます。

「じゃ、おとう、俺、ホームラン打ってもいいのかな」

「おお、打って！　俺もお前がホームランを打つところ見たいよ。俺も一緒に想像するよ」

「俺、横浜高校が好きだから、あの横浜高校のユニフォームをつけて、5万人くらいの前で開会式の入場行進をしたい！」

気持ちを盛り上げてそんなことを想像するんだよ、と。

くじけそうになったり、うまくいかなかったりすることは必ずあります。

そのときには自分が夢を達成したときのことをもう１回想像せえ、と言いました。

黄金の5ヵ条 その3

相《あい》手《て》より、いつでも、先《さき》に、伝《つた》わるようにあいさつ＝あいさつの達人になる

夢というのは、どんなにひとりで努力してがんばってもなかなかかなえられないものです。ひとりでがんばってある程度のところまでは行けるかもしれません。

でも、あともうちょっとのところでうまくいかないことはよくあります。

野球で結果を出すためには「投げる」「打つ」「走る」という日ごろの努力は必要だけど、幸運も必要なんです。

幸運を自分にくっつけることもしなければいけません。

難しい夢をかなえようと思ったら、ファンを増やす、手伝ってくれる人、応援してくれる人、助けてくれる人を増やすことが大事です。そんな人が多ければ多いほど、「ここぞ！」というときに幸運をもたらしてくれます。

幼稚園児の四男が僕にたずねました。

「おとう、どうやったらファンが増える？」

ファンを増やすために、お金は必要ありません。

いつでもどこでも誰でもできます。

それは**「あいさつの達人」になればいい**のです。

あいさつの達人というのは、あいさつが上手いということよりも、もっとすごいんです。

相手《あいて》より　いつでも　先《さき》に伝《つた》わるように　あいさつする
＝あ　い　さ　つ　してください。

これをやるためには「勇気」も「タイミング」も「間《ま》」も必要です。

「あいさつの達人になればどんどんファンが増えて、いろんな人が目に見えない幸運を運んでくれて、甲子園に行けるんだよ」

息子たちにそう言いました。

「おとう、俺、明日から、あいさつの達人やろうな」

彼らの「あいさつの達人」は、その日から現在も継続中です。


たとえば朝、学校へ行くとき、近所の人が向こうから歩いてきたら、たいていの子供たちは「あ、〇〇くんのお母さんだ！」と思いながらも、

「どうしようかな……あいさつしようかな、向こうからあいさつされたらしようかな

……」

と結局知らんふりして終わることが多いでしょう。

地域のおばさんだけど、周りに人がいて俺からあいさつするの恥ずかしいな……ドキドキするな……とか、学校でもこの人にあいさつしてもいいのかな？　とか、あんまり知り合いじゃないけど顔見知りだしな……とか、いろいろあいさつするときに考えて緊張したりドキドキしたりしますよね。

しかしあいさつの達人は違います。

「よし！　あと5秒くらいで近づいてきて、いいタイミングになる」

そう思ったところで、こちらからあいさつをするんです。

勇気を出して、タイミングをはかって、いまぐらいの距離だ！　というときに相手に胸を向けて、笑顔で「おはようございます」と言ってみてください。

「間」というのは、このシチュエーション、この空気、この場所を考えるということです。

グラウンドで言うみたいに大きな声で「おはようございます！」と声をかけたり、アイコンタクトをしながら「おはようございます」とやさしい口調で言ったり、いろんなあいさつの場面があります。

そういうことも子供たちにいっぱい話してあげるんです。

がんばってやってみてください。だんだん慣れてくるはずです。

すると**心に筋肉がついてきて、**それが野球にもつながっていきます。

なぜ野球とあいさつがつながるのでしょう。

普通のあいさつのしかたではいつまでも心に筋肉がつかないから、試合のチャンスでバッターボックスに立ったときにいつもドキドキしてしまうんです。

「ヤバいなあ、このチャンスに俺が点を入れられなかったらどうしよう……」

こんな気持ちでバッターボックスに立つでしょう。

そこへもしアウトコース低めギリギリにボールが来たら、筋肉がついてない心はドキドキして、思い切りボールを打つことができない、緊張してタイミングが合わせられないんですね。

ところがずっとあいさつの達人をやっておけば、バッターボックスでチャンスがめぐってきたときに**勇気とタイミングと間を考えて行動できます。**野球のときもピンチでもチャンスでも動じない心になるのです。

「よっしゃ！　俺のところに来たぞ！　俺がいま打って点を入れて、逆転するぞ！」

そんな気持ちで、ギリギリのボールでも正々堂々と手を出すことができるんです。

ツーアウト満塁9回裏、もし0点で押さえられたら2対0で勝ちだけど、自分のところにボールが飛んできてエラーでもしようものなら逆転負けするという局面では、あいさつが下手な選手はこう思うんです。

「ピッチャーお願い。俺のところに打たすなよ。神様お願い。俺のところに打たさんでください」

これでは案の定、ボールが自分のところに飛んできたら、エラーして負けてしまいます。

けれども心に筋肉がついている人はこう思うんです。

「おーい！　ピッチャー！　俺のところに打たせろ。神様！　俺のところに打たせてください。俺が最後、ファインプレーしてこの試合を終わらせるぞ」

あいさつの達人になったら、そんな気持ちになるんだよ、と僕は子供たちに言いました。

勇気を持って打席に入りタイミングと間を合わせて打つバッティングや、守備と一緒で、あいさつはそうとう奥が深いのです。

だから**あいさつの達人を続けていけば、野球も上手くなる、ファンも増える**んだよ、と僕は子供たちに伝え続けています。

4人の息子たちは、

「じゃ、あいさつの達人、やろうな！」

と言って、がんばっていました。

がんばるのはせいぜい10日から1ヵ月です。

そのあとは普通にできるようになります。

選手のなかには練習試合や練習ではかんかん打てたり、いいプレーができるんですが、いざ大事な試合のここぞというときに、緊張しすぎて周りが見えない選手がいます。

少年野球や中学生の野球でそういう子を分析してみると、あいさつをなまけたり、「別に」って下を向いたりして、自分の心を鍛えようとしない子も多いんです。だから心に筋肉がつかないんです。

あいさつは野球にもつながるし、あいさつをすることで自分を応援してくれるファンもいっぱい増えます。

「砂川さんの子供と朝から会ったら、その一日得したみたいな気がしますよ」と言ってくれるようになりました。

黄金の5ヵ条 その4

コロコロ大作戦
＝履《は》きものをそろえる

「お父さんは**お前らの体が強力な磁石になる**方法を知っているんだよ」

また幼稚園児の四男坊が不思議そうに僕に質問しました。

「おとう、じゃあ道を歩いてたら、鉄がひっついてくるのか？」

「お前に幸運やチャンスがひっついてくるんだよ。その作戦を教えてやる」

これがコロコロ大作戦です。

それは自分が脱いだ**履きものを学校でも家でも、どこでもそろえる**ことです。

自分の履きものをそろえるときに、ほかにもバラバラになっている履きものがあったら、それも一緒にコロコロとそろえます。

「お父さん、簡単さー」

「おう、簡単か。だけどこのコロコロ大作戦は人がいないときでもいるときでも関係なくやるんだよ。周りに友達がいて、自分だけ履きものをそろえるのは恥ずかしいなあとか、なんか調子に乗っているって思われるかなあってときでも、いつでもどこでもコロコロやるんだよ。そしたら野球の神様がちゃんと見ていて、お前が困っているときとか、ここだ！　というときに、目に見えない幸運を運んでくれるんだよ」

甲子園でも最後にボテボテで、みんなが「あっ！　完全にアウトだっ！」と思っても、一生懸命にファーストまで走ったときに、サードが暴投することもあります。

誰もがそんな場面を見たことあると思います。

「あれは野球の神様、角砂糖の大きさくらいの羽がついた天使が、甲子園のグラウンドにいっぱい飛んでいて、コロコロ大作戦をいっぱいやっている選手を助けてくれて、ボールを投げようとするとポンッて押してあげてるんだよ」

「お！　見たことある」

小学生だから素直に信じてコロコロ、履きものをそろえるわけです。

「人が周りにいないときにコロコロをやったら、そのときこそ野球の神様が見ているから、お前たちに幸運をひっつけてくれるよ。でも周りに友達がいっぱいいるから、俺だけやるの恥ずかしいなっていうときでも、自分で決めたんだったらコロコロやる。もうやったり、やらんかったりじゃなくて、今日から毎日やる」

「コロコロ大作戦やってみるか？」と言ったら、４人息子のうちの３人が「お父さん、やるよ」と言いました。

あとひとりは？　と思ったら、幼稚園児の四男坊がいません。

「どこ行ったかな？」

2、3分後に彼はニコニコして現れました。

「お前、せっかくお父さんが大事な話をしていたのに、どこ行ってた？」

四男にたずねたら、彼は言いました。

「おとう、コロコロやってきた！」

それを聞いて三男坊も言いました。

「きもいばーよ（沖縄の言葉で「むかつく」の意味）、お前、俺もやろうと思ったのによ」

その日から現在も4人の息子たちはコロコロ大作戦をやり続けています。

「コロコロ大作戦」というのは、履きものをそろえることでなくてもいいのです。

たとえば自分が使った食器を洗うのでもいいですし、毎朝必ずトイレ掃除をやるのでもいいんです。

何かひとつ「これをやる」と自分で決めたことをとことんやると、精神がきたえられ、自分で自分を信頼できる人になり、自信がつきます。

僕自身がそれを大学の先生から教えてもらいました。

子供たちは母親から「履きものを並べてちょうだい」としょっちゅう言われていたので、あの夜にひらめいて、手っ取り早くできるし、たまたま「履きものを並べる」になりました。

「コロコロ大作戦」という表現が、子供にとってわかりやすかったのもよかったようです。


三男と次男からはいいことを教えてもらいました。

「おとう、俺、コロコロやってさ、みんなが言うんだよ。なんだお前、いちいち体育館の靴を並べているのか？　って」

彼らが友達に言ったそうです。

「クセだから」

それを聞いたときに、なるほどと思いました。もしそのときに幸運がひっつくんだよ、と言ったら、なんだそりゃと言われるかもしれません。ただ「クセだから」と言ってしまえば、友達も「おお、クセなんだ」と思うはずです。

飾りっ気もないし、賢い言い方です。

たぶん考えて言ったのではなくて、本当にクセになっているから言ったのでしょうけど、いい逃れ方でした。

実際、子供たちがすぐにやりはじめたので、妻も僕も一緒にやって、本当にみんなでクセになりました。

黄金の5カ条 その5

ありがとう大作戦 ＝人にも道具にも「ありがとう」と口に出して伝える

世界で最強の、どんな夢もかなえられる、どんな人でもできる大作戦があります。

「ありがとう大作戦」です。

それをやればファンもいっぱい増えるし、強力な磁石になって目に見えないいろんな良いことがいっぱいくっついてきます。

人から何かを教えてもらったり手伝ってもらったり、とにかく何かしてもらったと感じたときは、**感謝の気持ちを「ありがとう」という言葉にちゃんとのせて相手に伝えてください。**

これを面倒くさいとか、照れくさいとか思って言わなかったら、逆にどんどん磁石の威力がなくなって、ファンも減っていきます。

「ありがとう」って言葉には力があります。ありがとうは言った人も言われた人も気持ちいいものです。

使っている道具にもありがとうと言います。コップで水を飲むときも同じです。

「コップさん、ありがとう。コップさんのおかげでおいしく水を飲むことができます」

物や道具にもありがとうという言葉を使って感謝の気持ちを伝えるんだよ、と息子たちに伝えました。

「グローブを使うときにも、グローブさんありがとう、グローブさんのおかげで手も痛くなく、キャッチボールができますって言うんだよ。そうするとお前たちが使っている**道具がお前たちを助けてくれる**、幸運を運んでくれるんだよ」

「人からちょっとでもいいから、教えてもらったり手伝ってもらったり、何かしてもらったら必ず相手に感謝の気持ちをありがとう、って言葉で伝えるんだよ。恥ずかしいとか面倒くさいとかはなしで、後輩からボール1個拾ってもらっただけでも、優しい笑顔でちゃんと声に出して聞こえるように、相手に伝わるようにありがとう、って言うんだよ。お母さんが送迎をしてくれたときも車のドアをバン！　と閉めて運動場に走るんじゃなくて、お母さんいつもありがとうね、って言うんだよ」


　それから数日後。外食に出かけたとき、四男が座ろうとした瞬間に立ち上がって、イスに向かって3秒くらいボソボソ何かを言ったんです。

　僕は気づいて彼に何をしているのか聞いてみました。

「おとうがありがとう大作戦をやれって言ったさー」

「じゃあ、イスさんにもやってるのか？」

「うん、やってる」

「じゃ、お前、イスになんて言ってる？」

と聞いたら、幼稚園児は僕に言いました。

「教えん」

「え？　教えん？」

「おとう、笑うだろ」

「いや、笑わん笑わん」

「じゃ、誰にも言うなよ」

彼はこっそり僕にイスへの言葉を教えてくれました。

このとき息子と約束したので彼がなんと言ったかはここに書くことができません。

しかし幼稚園児ももう大きくなったので、彼の許可を得てお伝えします。彼はイスに向かってこう言っていました。笑わんでくださいよ。

「イスさん、イスさん、ありがとう。少し臭いお尻を支えてくれてありがとう」

彼はそれから**現在もありがとう大作戦を実施しています。**

長男・次男・三男は大分にある野球の名門・明豊《めいほう》高校に進学し、甲子園に出場する夢を実現しました。

　四男も県外に行ってしまうのかなと思ったのですが、彼だけは沖縄尚学《しょうがく》に進学すると言いました。僕と妻は心配しました。

「修、あんたもお兄ちゃんたちと同じ高校じゃなくてもいいの？　甲子園に行きたいんでしょ？」

「おお！　俺、甲子園に行きたいよ」

　当時の沖縄尚学は6年間ずっと甲子園に出場していませんでした。

「6年間、甲子園に出てないさー。いいの？　沖縄尚学で」

「大丈夫、俺、幼稚園のときからコロコロ大作戦もありがとう大作戦もやってるし、俺いつもあいさつの達人って言われてたさ。だからどこへ行っても大丈夫だろう。甲子園に行けるだろう」

　横で聞いていて、僕はヤバいヤバい……と思いました。

　こいつだけ甲子園に行けなかったら

「おとう、なんでか？」

と言われるぞ、と心配していました。

沖縄尚学に入学して彼は1年生のときから背番号をもらいました。

僕と妻は四男も1回でいいから甲子園に行かせてちょうだいと祈っていました。

「もし兄弟のなかで彼ひとりだけ甲子園に行けんかったら、もうお父さんの話を全然聞かなくなるからね」

と妻に言われていました。

すると2年生ですぐ甲子園に出ることができて、夫婦で大喜びしました。

そして次の夏の大会も四男坊は甲子園に出たんです、2回出られてタイ記録だなと言ってたんですが、次の春も甲子園に出ました。

新記録、3回出場！

そしてその次の夏も甲子園に出て、合計4回も出ることになりました。

おまけに全国大会である明治神宮大会にも出場し、沖縄県で初めて優勝したメンバーにも入ることができました。

四男坊は幸運をひきつける強力な磁石となったのです。

たとえ息子たちが甲子園に行かなかったとしても、僕はこの「**夢をかなえる黄金の5ヵ条**」を小学生のうちから実践させておけば習慣になり、良い社会人になるだろう、それを真の目的と考えていました。

甲子園という夢の舞台は励みになればと思っていただけなのですが、4人の息子たちは本当に夢をかなえてしまいました。

僕はお坊さんでもユタでもないんですよ。

お子さんやお孫さんたちはいろんな夢を持っていると思いますが、心から僕がおすすめしたいのはこの5つのことです。

この5つをやりながら、自分ががんばっているスポーツや勉強や芸術、いろんな分野で努力していけば、絶対に**「ここぞ!」というときに幸運が子供たちにめぐってくる**、ということを僕は体験しました。

第2章

4人の息子、甲子園へはばたく

長男・政輝《まさき》さんの挑戦
沖縄から初めて明豊高校へ

運よく4人兄弟、長男をはじめみんな小さいころから野球が大好きでした。

わが家には4人の息子たちがまだ小さいときからプラスチックのおもちゃのバットと、大きなフワフワのビーチボールがありました。

長男が2、3歳のころにそのビーチボールを畳に転がして遊んだんです。

子供は大きなビーチボールが当たってポーンとはねていくのがとても楽しいので、もう夢中でえんえんと遊びます。

そのうちいつのまにかボール遊びが大好きになりました。

ある日、さらにアイデアがひらめいて、部屋のふすまを取り払って広い場所を作り、妻を1塁側に座らせました。

「打ったらお母さんのところに走れ！」

長男にビーチボールを打たせると、ケタケタと笑いながらお母さんのもとに走ってハグされます。

これも楽しくてまたえんえんとやるんです。

次男も三男も四男も同じように遊びました。

子供がテニスボールやプラスチックの野球のボールを打とうとしても、小さすぎてだいたい空振りします。

小さなボールではなく、当たったらポヨーンとはねていく大きなビーチボールで遊んだところが運がよかったようです。

4歳ぐらいになってようやくバットを振れるようになったときには、小さめのゴムまりみたいなものの力を加減して投げて、**なるべく空振りさせないようにして遊んでいました。**

4人とも野球好きになったのは、それがよかったのかもしれません。

4人とも家のなかでそうやって遊びました。

長男は沖縄から初めて、大分の明豊高校に行きました。

中学を卒業してすぐ県外にひとりで行ったので、やはり妻も僕も不安でした。

本人も挑戦したがっていたので行かせましたが、かなり厳しい学校だったので、苦労したと思います。

最近やっと少しずつ高校時代の話をしますが、実はやめたいと思うときもあったらしいです。

でもやめられない。

1年生のときはきつかったと思います。

当時は父親にも母親にもそんなことをまったく言いませんでした。

長男がふんばってくれたおかげで次男も三男も明豊に行くことができましたし、次男は1年生のとき3年生に兄貴がいたから、だいぶ精神的にも楽だったんじゃないでしょうか。

実際、長男がもし途中でやめていたら、おそらく次男や三男の甲子園はなかったはずです。

これればかりはわかりませんが……。

長男の名前は僕の名前「正美」の「まさ」から名づけています。
現在は大学の事務の仕事をしています。
とても忙しそうですが充実しているようです。

母が語る長男・政輝さん

「いい子だよ」と言われるだけでうれしい

たぶん、長男が子供のころはサッカーが流行っていたと思うんです。でもやっぱり長男だったし、夫は野球をさせたかったので、なんとなく野球をやらせる方向に持っていこうとしたと思います（笑）。たまたま長男が小学3年生のころに少年野球チーム、浜川ジャイアンツができて、そこに所属しました。長男もうまくなりたかったという気持ちはありましたが、最初の子供だから厳しくなってしまうというのはあったと思います。夫は息子にピッチャーをさせたいけど、長男は不器用なところがあって、お互いぶつかり合うようなこともあったかもしれません。親のためにがんばりたい、ピッチャーをやりたいけど上手くできない、というのはあったんじゃないかな。

沖縄から初めて明豊高校に入ったのも縁があったからで、長男はいちからどこか別の場所でやりたいという気持ちで門を叩いたのではないでしょうか。いまは県外に行く子も増えていますが、当時はそんな多くなかったので本人は大変だったと思います。でも親には言いませんでした。寮ではみんなそうですから。ただ関西や九州から来た子は寮に何人かいたと思いますが、沖縄からたったひとりというのはきつかったと思います。一度、帰省したときに「台風が来て帰れんかったらいいのに……」というひと言をもらしたことがありますが、愚痴は言わなかったですね。甲子園に長男が出たときはバリバリのスタメンではなく、やっとメンバーに入ったという感じでしたが本当にうれしかったです。思い出すと泣きそうです。

　大学に行っても野球を続けたのは、それしか選択肢がなかったのでしょう。でも主務として人間力が磨かれたと思います。野球を長年やっていろいろあったと思いますが、やめてやるとか、お父さんに反抗する気持ちは出せなかったんじゃないかな。

　長男は夫に似てあまり口数は多くありません。でも周りからは「いい子だよ」とよく言ってもらいます。それだけで私はああよかったと思います。弟たちの面倒見は特にいいわけではないと思うんですが、長男という役割は感じているみたいです。三男の結婚式でも私は自分の幸せで精一杯だったけど、長男がちゃんとお相手のご家族にもあいさつをしてくれていました。とてもしっかりしています。

［長男・政輝さんと黄金の5カ条］
並べた靴でつながった道

5ヵ条については、まとめて教えられたというよりは、日々の会話のなかで少しずつ教わったと記憶しています。おそらく父のなかに「夢をかなえる黄金の5ヵ条」は、すでに確立されていたと思いますが、私たちの成長に合わせて少しずつ話をしてくれたのではないかと思います。

履きものをそろえることについては、そろっていないと気持ちが悪いぐらい習慣になっているので、いまも続けています。

あいさつは子供のころはなんの迷いもなくやっていました。しかし、大人になってからは少し恥ずかしくて、自分がそんなふうになるなんて思ってもみませんでした。

大人になったいま、あいさつをすることは勇気がいることなんだなと感じます。子供のころは何も考えずにできていたことが、大人になると「あいさつするほどの間柄か？」などいろいろ考えているうちにタイミングを逸してしまう。父の**「勇気を出してあいさつをする」を実行することは大人のほうが難しい**んだなと感じています。

最近、あいさつが苦手になってきているので、もう一度はじめてみようかなと考えています。

子供のころは5ヵ条をやることを恥ずかしいと思ったり、やりたくないと思ったりしたことはありませんでした。

「これが正しい行動だ！」

そう信じていましたし、周りの大人たちもほめてくれました。それもあって続いたのかもしれません。

ちなみにひやかしや、からかいにあったことはないです。

子供のころはとにかくプロ野球選手になれると信じていたので、試合で活躍したり、沖縄に帰ってきて野球教室などを通じて子供たちへ指導したり、憧れの眼差しを向けられる自分自身の姿を想像したりしていました。

それが5ヵ条にある、**自分の夢をかなえた姿を具体的にイメージするという習慣**だったと思います。自分自身がプロ野球選手に持っている憧れを向けられる側になるイメージを、常に持っていました。

小学校の卒業スピーチでは、将来の夢を語るという経験もしました。そこでプロ野球選手になりたいと話したのですが、その原稿を作る際に、どうすればプロ野球選手になれるのかを具体的に考えて書いたことをよく覚えています。

いま仕事で使う革靴をきれいに磨いているのも、人や道具に感謝するという5ヵ条の教えから、グラブやスパイクをきれいに磨いていた習慣が身についているからです。

グラウンドを使えることに感謝して石やゴミを拾っていた気持ちと同じように、社内のゴミを拾うようにもしています。

自分の職場がきれいであることが当たり前と思わず、**感謝してきれいに使うことが当然**であるという意識はいまも持ち続けています。

親元を離れて野球の名門校へ

中学を卒業して私は沖縄から初めて明豊高校に進学した生徒になりましたが、右も左もわからなかったので、当時はこれが寮生活の当たり前なんだと感じていました。そして1日があっという間に過ぎていくので正直、最初は野球どころではなく、生活に慣れることに精一杯でした。

同級生は関西、九州各地からいろんな子が集まっており、はじめは対立することもありましたが、それぞれの県民性や、いままで付き合ってきた沖縄の人との違いにとまどいながらも野球や寮、学校生活を通じて少しずつ仲を深めていくことができました。

一方で、沖縄では味わったことのない厳しい上下関係を感じることも多く、いま思えば一番大変だったのは人間関係だったかもしれないなと思います。

それでも続けていけたのは、父が昔から**「やればできる」とうるさいぐらいに応援してくれたから**で、その期待を裏切って帰るのも嫌だなと思っていたからです。やめて帰るという選択肢はいっさいありませんでした。

家族代表という気持ちを勝手に持っていたところもあったので、それもよかったのかもしれません。

夢をかなえて出場した甲子園は想像以上の場所でした。

きれいに整備されたグラウンド、青々とした芝生、銀傘から跳ね返ってくる自分たちの声、いままでプレーした球場のなかで、**なにをとっても一番で、「甲子園最高！」って感じでした。**

私は選手としての能力より、ベンチの雰囲気を良くしたり、監督の指示を伝えたりする能力を買われてメンバー入りしていました。

たぶん子供のころからの周りをよく見て行動しろという父の教えが生きたのかなと思います。当時はこの教えをめちゃくちゃうざいと思っていましたが（笑）。

限られたベンチ入りメンバーのなかに、野球の能力でないところを見出されて加われたことは幸運なのかなと感じています。

一方、野球の能力が高くない私がメンバー入りしていることに疑問を感じていた部員もいたと思います。

それは私も同じだったので、自分の存在意義を見出すことにすごく悩んだ時期がありました。

そこで私が出した答えは、「与えられた役割をまっとうする」でした。

自分ができないことをやろうとするよりも、与えられた役割で自分の能力を最大限発揮してチームに貢献するしか、自分の存在意義を生み出すことはできないと考えたからです。

昔から父に「**できるか？　と聞かれたら、できるかわからなくても挑戦することが大事。**少なくとも相手は、こいつならできるかもしれないと思って役割を与えようとしているわけだから、まずは挑戦してみる。もしダメだったとしても経験がムダになることは絶対ないから」と言われていたことを覚えていたので、ある意味開き直って自分のやるべきことだけに集中できたのかもしれません。

高校を卒業するときに選手としては限界を感じていました。

実は、高校時代、選手をあきらめて学生コーチになろうかと悩んでいた時期もありましたが、この3年間は選手としてやり遂げると決めて、なんとか乗り切ることができました。

そんなときに引退後進路を考えていると、マネージャー（主務）で進学する道もあることを指導者の方が示してくれたので、新たな道を選ぶにあたり、父が在籍していた福岡工業大学に進むのもいいかなと考えました。

福工大には子供のころからかわいがってくださっていた方もいたので、そこで新たな学びを得たいと考えたことも大きかったです。


大学生のころは特に、主務として学内外でたくさんの人と接することが多く、部の代表という意識が強かったので、率先してあいさつができていました。

そのおかげもあり学内勤務の事務職員の方々、他大学や社会人野球の指導者などにも顔を覚えてもらっていろいろお話しする機会を得ることができ、自分が持っていない価値観や考え方も学ぶことができて、非常に有意義な学生生活を送ることができました。

辛くてもやめたいと思わなかった理由

父に反抗したり、野球をやめたいと思ったことはありませんでした。

父に反抗しなかったのは、子供ながらに、子供4人を育てることの大変さを理解していたつもりだったので、単に尊敬していたからだと思います。

野球をやめたいと思わなかった理由は、高校に入るまでは、自分は野球が上手いと思っていたからです。

高校に入ってから、自分は野球があまり上手くないことに気がついたものの、周りのメンバーや、応援してくれる両親がいたので、辛いと思ったことはありますが、やめたいと思ったことは1度もありませんでした。

父はお酒を飲んでは、寝たふりをしている私たちを呼び出して、よくこう話してくれました。

「本当にお前たちのことが大好きだよ」

素面《しらふ》では恥ずかしくて言えなかったのだと思います。当時は「またかよ」と思っていましたが、これがあったから、**自分には応援してくれる人がいて、いつでも帰る場**

所があるんだと思えて、県外に出てもホームシックにならずに生活できたんじゃないかと感じています。

兄弟4人は仲が良いです。

四男の修が明豊に進学しなかったのは明豊があまり強くない時期でもあったので、正直よかったなと思っていました。彼は末っ子で、当時、兄弟全員が県外にいた状況だったので、自称ひとりっ子でした（笑）。変に兄の道を意識せず、自由な選択をしてくれてよかったなと思っています。高校が沖縄だったぶん、県外への思いは兄弟一強かったらしいですが……（笑）。

三男が明豊に行くときは手紙を書いたことを覚えています。

次男については、なんでもうまくこなすし、あまり心配したことはありません。いつでも周りの期待に応えていてすごいなと思っています。

並べた靴でつながった道

当たり前のことを当たり前にやる。一度やると決めたことをやり続ける。

その難しさに大人になればなるほど気がつきました。

私は自分が野球で素晴らしい成績を残したとは思っていませんが、高校・大学を卒業し、社会人になって、父の教えが野球だけでなく、人として必要な資質を育むものだったと感じることがあります。

いま働くなかで、「夢をかなえる黄金の5ヵ条」が生かされているというよりも、これによって得られた経験が生きている、と感じることが多くあるんです。

明豊で甲子園に行けたこと、福工大で主務をしていろんな方々のお話を聞けたこと、それらが積み重なって、就活の面接でのエピソードトークには困らなかったことなど、いままでにしてきた経験は、並べた靴でつながった道かもしれないと思っています。

父の5ヵ条は、夢を持つことに迷っている人、夢を持つことをあきらめている人に実践してもらいたいです。はじめの一歩を踏み出す手助けになればいいなと思います。

自分の子供に野球をやってもらいたいかと聞かれたら、自由に生きてもらいたい、と思います。

野球をやっていく難しさや、そこから生じる感情もわかるので、無理強いはできません。そこは、父も同じだったと聞いています。

私の経験を子供たちに伝えていけば、おのずとそこに5ヵ条の要素は入ってくるでしょう。

父に対しては、まずはここまで育ててくれた感謝が一番です。

子供のころはわからなかったけど、いまになってわかることがたくさんあります。

私はまだ子供がいないので、これから先、もっとわかることが増えてくるはずです。

そのときにまた、親の偉大さに気がつくことでしょう。

あと、自分の性格がどんどん父に似てきていることも感じています（笑）。

父の一番偉いなと思うところは、**子供の前で勉強している姿を見せていた**ことだと思います。

勉強することがかっこいいと思えたので、自分自身も特に勉強が嫌と思ったことはありませんでした。

成績が良かったわけではないですが（笑）。

もちろん、酔っぱらって同じ話を何回も聞かされたり、ときには野球で厳しい指導や嫌な顔をされたり、良いことばかりではありませんが、トータルで考えれば、いろいろ話を聞けてよかったと思えています。

そして、いまなお多くの人に感動を与えていることに驚きと尊敬の念を抱いています。

これからも、夫婦仲良く健康でいてくれれば、子としては安心です。

次男・哲平さんの挑戦
描いたとおり甲子園でガッツポーズ

夢をかなえる黄金の5ヵ条の「夢をかなえたかっこいい自分の姿を想像する」という教えを伝えた数日後に、こんなことがありました。

僕が仕事から帰ってきて子供部屋の前を通ったら、部屋には次男がひとりだけいて、壁を見ながら、ひとりでニタニタ笑っているんです。

「ただいま」

僕がそう言っても、ニヤニヤ笑っているものですから、これはヤバいと思って息子に聞いたんです。

「おい、哲平」

「お父さん、おかえり」

「お前、なんでひとりでニタニタしてたのか？」

「俺、いまね、この甲子園で、盗塁を決めて、ガッツポーズしてる」

彼の目の前の壁には甲子園のいろんな場面が拡大して飾ってあります。

「哲平、かっこいいな。盗塁を決めて、ガッツポーズしてるんだ」

そう言って壁を見て、2人でニタニタしました。

それから**約7年後、本当に彼は甲子園でガッツポーズしました。**

それも5回です。

だから夢とは、本当に自分がこうなったら素晴らしいだろう、かっこいいだろうと思い描いていれば、本当にかなうということをたくさんの子供たちに伝えてきました。

哲平という名前は響きもいいし、哲学の哲も入っていて賢くなりそうだしということでつけました。

環境にも恵まれ、次男はいまも社会人野球のチーム、セガサミー野球部で内野手として野球を続けています。

母が語る次男・哲平さん

野球を続けていることに感謝

次男は野球が大好き。４人のなかで一番、野球が大好きなんじゃないかな。努力もとてもするし、好きが一番だと思います。

明豊高校に進学したときは、長男が３年生にいたので、おかげでスムーズに過ごしやすかったと思います。

次男はとても強い、自分の信念で野球をやっていた感じでした。

５カ条の教えも素直にやっていました。

厳しい指導者がいて、当たり前のことを大切にするチームを選んで、息子に行かせたというのはあります。中学生のときに所属したクラブチームのＳＯＬＡ沖縄は厳しく指導してくれる人が監督だったので、夫が家庭で教えていたことと同じようなことを選手みんなが教えられていたと思います。

だからあいさつする、人や道具に感謝する、履きものをそろえるなどはわが家だけのルールではなく、野球部やチームのルールとして実践していました。

次男が甲子園に出場したときも、甲子園に行きまくりました（笑）。

4人の子育て中だったのでお金をそんなに使えるわけではなかったから、夫と2人一緒に行くということはできなかったんです。夫も試合を見たかったと思いますが、私に行っていいよと譲ってくれました。

まだ甲子園出場が決まっていない県大会も、大分まで見にいってました。夫は試合中、ずっと願をかけて走っていたそうです（笑）。

「1回の表、2回……まだまだ試合中だ！」

そう言いながら。

次男ががんばっているから、俺もがんばる……そんなことをしていたみたいです。

私は全試合を見届けました。

次男がいまも野球を続けているのは、本当に野球が好きだからなんでしょうね。

ありがたい限りです。

本当にありがたい。

それを私は本当に感謝しています。

〔次男・哲平さんと黄金の5カ条〕
「自分の力を出す力」をきたえる

昔から野球は大好きでした。４人兄弟みんな野球をやっていますが、自分が一番、野球が好きかもしれません。帰省したときもずっと野球をやっています。小さいころは母にノックやキャッチボールをしてもらっていました。母も野球が大好きでよくキャンプめぐりも一緒に行っていました。

２月は沖縄にプロ野球チームがみんな来ます。

小学生のころは次はあっちに行こう、こっちに行こうといろいろめぐりました。どこも近いので中日を見にいったあと、横浜ベイスターズに行って、カープに行って……と。

家が北谷《ちゃたん》にあるので、子供のころは中日の大ファンで、ショートの井端《いばた》選手と立浪《たつなみ》選手が好きでした。キャンプは練習を見たほうが面白いです。試合はもちろんですが、練習を見ると勉強になります。

父から**「夢をかなえる黄金の5か条」**をいつ教えてもらったか、はっきりとした記憶はないんです。みんなで中部商業の試合を見ていたのは覚えています。
すごい試合だったんです、確か。
これを4人兄弟みんなで見て、俺も甲子園に出て野球したいなと思ったのは覚えてます。そのときはもう野球をやりはじめて1、2年経ったころでした。

正直、甲子園に出たいとかは、小学校4年生くらいまでは考えてなかったと思います。それはテレビの世界のことで、現実味はなくて、ただかっこいいなと思いながら見ていました。

「やれ」ではなく「野球が上手くなるよ」

はっきり5ヵ条という形ではないですが、靴をそろえること、物に感謝することは家でよく言われていました。あいさつも実践していました。

当時は無意識でやっていました。最初はたぶん言われていたと思うのですが、記憶があるころには自分からあいさつしないといけない、と当然のようにやっていました。

昔はもちろん父が帰ってきたときに「靴、並べてないぞ」と教えられていましたが、そのうち自然に並べるようになり、学校でも家でもどんな場所でもやっていました。

「いつもやっていると何かいいことあるよ」

そう言われて、反抗することもなくやっていたんです。

4人兄弟みんな反抗期はありません。本当にないと思います。

自由に気ままにやらせてもらったので、反抗することがなかったんです。

父から無理やり「やれ！」とは言われたことはありません。

父は見た目は怖いですが、家では怖いと思ったことはなくて、ポジティブにすべて「なんでもいいよ」という感じで、ダメと言われることがあまりないんです。

ただ、当たり前のことをやらなかったり、自分でやると決めたことをやらなかったりしたときは言われました。

でも基本的に父があれやれこれやれと言うことはあまりないです。

叩かれたことももちろん1回もないです。

それでも父の言うことはちゃんと聞いていました。

父をなめたりすることはまったくありません。父は怖いことは怖いんです。

ただ怒られるから怖いとか、そういうことではなくて、道具も家に帰ってきたら自分からすぐに磨いていました。**スパイクもグローブも感謝して磨いていると野球が上手くなるよ、**と言われたので自ら率先してやっただけです。

「今日、お前がちゃんとボールを取れたのはいつも磨いているからだよ」

そんな感じで言われていました。

だから逆にやらないとミスしちゃうんじゃないか、となるんです。

道具を大切にしておけばいいことあるかなと。

父はずっと少年野球チームの浜川ジャイアンツのコーチでしたが、僕が小学校6年生になったタイミングで監督になったんです。

小6で初めて県大会に出たときは、僕がキャプテンで父が監督で、初めて優勝しました。当時、浜川ジャイアンツはできたばっかりの若く歴史も浅いチームで、僕が4期生です。

家ではそんなことはないのですが、野球になると父は厳しく怖かったです。

強く言われたのは、負けることに対してでした。

家では普段怖くないからこそ、少しでもピリついていたら怖いんです。

「お父さんが怒っている、ちょっとこれヤバいな」

ガミガミ言うタイプではなく雰囲気と行動で示していました。

あいさつと靴と野球の関係

靴をそろえたり、あいさつをしたりすることが、ちょっと恥ずかしいなと思ったことはありました。それでもやっていればいいことがあると信じてやり続けていました。

周りの声に負けちゃう子供も多いと思うんですが、それはしかたないです。

子供なので。

でも、からかわれても気にすんなと父からは言われていました。

僕の場合は**周りを気にすることよりも、野球が上手くなりたいという気持ちが勝ちました。**

それこそ小学生のときも中学・高校のときも、甲子園に出るためならやろう、という気持ちでした。

あいさつは習慣づけることで気づくことが多くなり、気遣いができるようになります。間みたいなものは普段の生活から身につけておけば、野球のプレーにおいても、いろんなことに気づくことができるようになるものです。

あいさつの間も父からけっこう言われていました。

「いまあいさつしても、あの人、気づかないだろう？　わからないだろう？」

確かになあと思って、わざとその人の前まで行ってあいさつしたりしていました。

そういうことが野球にも本当に関係があるのです。

「いまピッチャーに声をかけても、ピッチャーに聞こえないな。あ、いまなら聞こえるな」

そんなことを考えて声をかけたりするところに父の教えが生きています。

靴はそろえておけば、脱ぎっぱなしの見た目の悪さも解消できますし、気持ちよく、すぐに履くことができます。これは気遣いや次の準備にもつながることなのでしょう。

日常生活の厳しさも野球につながる

僕は甲子園大会やプロ野球を見るのが好きで、見るだけで勝手にモチベーションが上がります。なんでかな？　と考えたら、**昔から父に「想像しろ」と言われていた**ので、憧れの選手たちを見ていると勝手に気持ちが上がったんだと思います。

中学生のときには、自分の未来予想図的なものを書いていました。

高校に行って甲子園に出て、高校からプロに行く、もしくは大学に行く、社会人野球のチームに入って何年後かにプロに行く……そんなことをイメージしていました。

中学生のときに僕が所属していたＳＯＬＡ沖縄は、沖縄のいろんな地域から子供たちが集まってくるチームなので、野球が上手い選手がいっぱいいました。

現在プロ野球でプレーしている山川《やまかわ》穂高《ほたか》（福岡ソフトバンク）、大城《おおしろ》卓三《たくみ》（読売ジャイアンツ）も所属していたチームです。

そのころももちろん「黄金の5ヵ条」は身についていたので僕は変わらずにやっていました。中学校の野球部の監督がいまは楽天でスカウトをやっている方で、すべてにそうですが道具に対してもとても厳しかったんです。たとえばグローブやスパイクを磨いてない子は練習に参加できなかったりしました。

僕は親からずっと教えられていたので、注意されることはまったくなかったです。そのチームにいる子はみんな道具を大切にしていました。

兄が明豊高校から出場した選抜大会も中学生のときに甲子園へ見にいきました。そのときに僕も「明豊に行く！」と決めました。

明豊は名門なので厳しいのですが、そのときはそんなことはまったく考えてなくて、入ると思ってずっとやっていました。

いざ入学すると練習も寮生活も厳しかったです。1学年に野球部員は30人くらいいたので、試合に出るだけでもめちゃくちゃ大変でした。

時間厳守、そしてご飯の準備をしたり先輩を起こしたり掃除をしたり、すべて1年生がしなくてはならない、どれだけ遅く帰ってきても朝が早くても、洗濯もすべて自分でやらないといけないので厳しいなあと思いました。

でもそういう厳しさもやっぱり野球に全部つながっていると思います。

それは当たり前のことを当たり前にやるべき、という考えです。

絶対ではないですが、良い選手でそれができてない人はやっぱりいないんです。

みんなちゃんと当たり前のことができているなと感じるので、僕もちゃんとやってよかったと思います。

甲子園大会に2回出場

甲子園に行けたときも、もちろん確信はなかったんです。

周りのみんなそれぞれが「甲子園に行きたい！」という気持ちが強かったと思います。みんなそれぞれ自分の未来設計図を書いていました。

甲子園には2回出場しました。

試合中はそういうことはあまり考えないのですが、試合が終わってから、父が言う言葉「運がひっついてくる」はめちゃくちゃあると考えます。

ファインプレーができたり、打てるはずのない場面で打てたりしたときに、自分の実力だけじゃないと感じることが多いです。

グローブを出したら球がパッと入ったり、ポンッと出したバットに当たってヒットになったり、そういうことって本当にあるんだなと思います。

運がよかったという実際の成功体験が多かったので、あいさつや靴をそろえるなどの習慣をいまでもずっと続けているというのもあります。

自分の力を出す力、ということです。

野球選手はもともとゲン担ぎをする人がけっこう多いです。

たとえば坂本《さかもと》勇人《はやと》選手（読売ジャイアンツ）もずっと同じグローブを使っています。

道具もずっと大事にすると愛着がわいてくるものです。ほかのものを使うのが怖くなる、その気持ちはよくわかります。その逆で、毎年グローブを変えたり、色を変えたりする人もいます。

ゴミ拾いを「運を拾う」と言って積極的にやる野球選手も多いです。

みんな思い当たるところ、成功体験があるから続けているのでしょう。

大学時代に明治神宮大会で優勝

駒澤大学時代は今永昇太《いまながしょうた》選手（シカゴ・カブス）や江越大賀《えごしたいが》選手（日本ハム）と、高校時代は今宮健太《いまみやけんた》選手（福岡ソフトバンク）と一緒にプレーし、明治神宮大会で優勝しました。

周りにプロ野球選手が多いんです。

自分でも持っているな、運だなと思います。

野球の実力で言えばほかにも上手い選手がいっぱいいるし、なぜいまも自分が社会人野球でプレーできているか不思議です。

明治神宮大会では決勝戦で盗塁が成功し、明治大学から先制点を奪うことができ、13年ぶりの駒澤大学の優勝に貢献できました。盗塁のサインはありませんでしたが、監督には「行けるならいつでも行っていいよ」と言われていました。

昔から父に**「チャレンジすることを恐れるな」「失敗してもいいからトライしろ」**

とずっと言われていたので、そういう場面でも「もう行っちゃえ！」と自分は思っています。失敗するイメージより成功するイメージの方が強かったので。そこでも**成功してかっこいい自分のイメージを描くことが大事**です。

明治大学のあのときのスタメンはとんでもなかったんです。

勝てるわけないと思ってやっていました。

坂本誠志郎《さかもとせいしろう》（阪神タイガース）、髙山俊《たかやましゅん》（元阪神タイガース）、山﨑福也《やまざきさちや》（日本ハム）、福田《ふくだ》周平《しゅうへい》（オリックス）、菅野剛士《すがのつよし》（千葉ロッテ）、糸原健斗《いとはらけんと》（阪神タイガース）もいて、途中から柳裕也《やなぎゆうや》（中日ドラゴンズ）も出てきましたし、佐野恵太《さのけいた》（横浜ベイスターズ）もベンチにいました。いま思えばとんでもないメンバーです。ほぼプロ野球でした。

そんな明治大学のチームに、僕たち駒澤大学が勝利した秘訣は、ほぼ「運」です。10回やって1回勝てるかぐらいだったと思います。

明治大学と駒澤大学は昔からライバル関係にあるらしく、決勝戦の朝、監督に全員が呼ばれて、その歴史を教えられました。そして実力を見ると、いまの駒澤があの明治には絶対に勝てない、まともに行っても勝てないぞ、だから今日はちょっと奇策で行くと監督に言われたんです。

まず1年生の東野というピッチャーを先発で行かせました。普段だったらエースの今永なのですが、今日は東野で行くぞ、と。東野が3回ぐらいまでノーヒットノーランで、そこから1点取って今永に変わったんです。まさに奇跡ですね。

何かアクションを起こさないと勝てない、と聞いていたので、僕も三盗行けたんです。**普通にやっていても勝てないから、何かを起こそうと思いました。**

4人兄弟の絆

4人の兄弟はめちゃくちゃ仲良いです。

昔はしょっちゅうケンカしていました。ずっとケンカ、何かやればケンカです。

みんな負けず嫌いなので。

ゲームをしたら必ずケンカをして終わる（笑）、野球をやっていても絶対にケンカする、という感じでした。

明豊高校1年のときは3年生に兄がいたので、とても助かりました。

僕が兄に助けてもらったので、僕が3年生のときに1年生で入ってきた三男がやりやすいようにやってあげたいという気持ちはありました。

長男は苦労したと思いますが、彼からそういう愚痴を聞いたことはないです。四男の修だけが明豊高校に進学しなかったことについては、僕は心配はなかったです。好きなところに行けばいいと思っていたので、別に明豊にこだわる必要はないなと思っていました。

四男が入学した沖縄尚学も強い高校なので、甲子園に行けないんじゃないかという心配は僕はなかったです。

ただ試合に出られるかな、大丈夫かな、というのは心配していました。

父母が四男が明豊に行かなかったことを心配していたというのは、僕はわからなかったです。やはり親だから気になったのでしょう。

結果的に、気がつけば四男が一番たくさん甲子園に出てますからね。

父母にダメと言われることはなかった

いまも靴をそろえることはやっています。やっていないとちょっと気持ち悪いというか、気になります。

東京ドームやプロ野球を見にいって、モチベーションを上げることはいまもずっとやっています。自分が打席に立って、自分のヒットでたくさんの人が盛り上がって……そんなことをイメージするんです。

いまは都市対抗戦に出場して優勝するというのが目標なので、東京ドームに行くと、「ここで活躍したいな」とモチベーションが上がります。都市対抗戦は大人の甲子園ですね。

今後の目標をイメージして紙に書くことも、いまでもやっています。

毎日、今日あったことや明日やることを日誌につけています。これはルールではなく、自主的にずっと続けています。

父の教えを素直に受け入れられたのは、言い方が強くなかったからというのもあるのでしょう。**「これやれ」ではなく、「やったらいいことがあるよ」**という感じだったので、子供なりに受け入れやすかったのかなと思います。

父の講演は1度だけ、沖縄の中学校で見ました。自分たちのことを話すので、恥ずかしかったです。でも子供も大人も素直に信じてやり続けたほうがいいなと思います。絶対いいことがあるので。

「意味があるのかな？」

「これをやったところで変わんないでしょ」

5ヵ条についてそう思う人もいるかもしれませんが、信じてやり続けることが絶対に大事だと思います。

本当に何かにつながるので、自分を信じてほしいです。

僕もくじけそうになったときはもちろんありますが、これをやり続ければ成功するんだと信じるだけです。自分を信じ続けました。

あとはなにごともポジティブに考えることです。

野球をやっているとどこかが痛い、ケガをして試合に出られないときがあります。

それも全部プラスに考えるんです。

ケガをしていま練習を休んでることを高校生のころは父に相談しました。

そのときにやっぱり父から良い言葉をもらったんです。

「足をケガして走れない、それならいまは上半身の練習が足りないから上半身をきたえろっていうことなんだよ」

「いまはこういう練習しろって神様が言ってるんだよ」

父からそう言われて、じゃあそういう練習をしておこうと思えました、

ちょっとヒジが痛くて投げられなくても、父は全部ポジティブなんです。

「じゃあ走って下半身きたえろ。そしたらヒジが治ったときに、すごいいいようになるよ」

だからダメなんだよ、とは絶対に言いません。

いやなこととあったときも全部プラスにとらえろ、と言われていました。それはいまでもそうです。

自分の気持ちを上げる方法を僕は自分で見つけましたが、いきなりそれを見つけることは難しいです。

何をしたら自分はテンションが上がるのか？

どうしたらモチベーションが上がりやすいのか？

どうやったら自分の気持ちが上がるかを探ってみることは大事です。

母も自由です。

愛情はめちゃくちゃ感じていたけど、あれこれダメだと言われることはありませんでした。父母にダメと言われることは子供のころからまったくなかったです。

反抗期がないというのは、反抗することが本当になかったからだと思います。

絶対に母は大変だったと思います。実際に母の大変な姿も見てきています。

ずっと息子たちの野球にかかりきりで、自分の時間がなかったと思います。

だからこそ、いまやっと大人になって返せるときが来たので、みんなで恩返ししたいなと思っています。

三男・三太《さんた》さんの挑戦
走攻守三拍子そろった心の太い男

「自分のも他人のも履きものをコロコロそろえる＝コロコロ大作戦」の話をした翌日の夜、小学2年生の三男坊が幼稚園児の四男にこんな質問をしていました。

「修、もしかして朝、体育館に来たか？」

「うん、行った。なんでわかる？」

「体育館の下駄箱の靴、ちらかっているの、お前並べただろ」

「うん」

その日からずっと**彼らは大人になってもいつでもどこでも履きものをそろえる**ことをやっています。僕はコロコロ大作戦を「高校生になるまで続けろ」と言っていました。

なぜ高校生まで、と言ったかというと、小学生から何年間かやれば絶対に習慣になるだろうと思ったからです。

仮に甲子園に出られなくても、履きものをそろえることがクセになることは損にはならないですよね。いつでもどこでも人目を気にすることなく、青年が履きものをそろえるなんてかっこいいじゃないですか。

そんな人間になってほしいという願いを込めて教えていました。

三男のころから「沖縄の高校から甲子園に行ったほうがいいんじゃない？」と妻が言い出すんです。

「毎日、お母さん、おいしいお弁当を作ってあげるし、近くだと応援も行けるさね」

中学2年くらいから、彼にそんなふうに言いはじめていました。

でも三男は自分も甲子園に行きたいから、兄貴たちと同じ明豊高校を選んで、そこから甲子園に行ったんです。

三男の三太という名前は、矢も3本まとまれば強くなるという教訓があったり、優れている選手を「走攻守三拍子そろった」と言ったりすることにちなんで「三」という言葉を選び、心の太い、丈夫で元気な男になってほしいという思いを込めて名づけました。

三男は大学を卒業し、現在は大きな会社に就職してがんばっています。

母が語る三男・三太さん

投げ出さなかったから、いまがある

三男もやはり、長男次男の影響もあって、自然に野球をやっていました。
あの子は穏やかなおとなしいタイプだったし、「俺は野球ではなくバスケをやる」とかそういうことにはならなかったです。

土日も含めて野球の毎日で、わが家には野球しかなかったので、いま大人になって「うちはバーベキューとかしたことないよね」とみんなで話しています。

明豊高校に進学したときは次男が3年生にいたので親としても行かせやすかったし、本人も行きやすかったのではないでしょうか。

三男はボールボーイで甲子園に出場しました。最初は「俺、甲子園に行ったことになるんかな」と言ったりしていたのですが、私たち家族にとっては甲子園です。あのベンチに座っていたんだからすごいです。

お兄ちゃんたちも「めっちゃがんばってるよ」「絶対、メンバーに入ると思ってた」と言っていました。

そこは親が認めてあげたらいいよね、と思ってます。

でも、その厳しさがあったからこそ、いまがあるのでしょう。

彼は投げ出したりしなかったですから。

大学でも野球を続けてがんばっていました。

それがたぶん就職活動のときにも評価されたのではないでしょうか。ひとつのことを小中高大まで続けたということで、やっぱり信頼されたみたいです。

三男が入社した会社は頭脳が優れた人がいっぱいいると聞いています。でも体育会系のコミュニケーション力を生かす研修は三男が得意とするところなので、まったく苦にならない、みんなより力を発揮できたと言っていました。

人のすごいところにいつも気づいてほめていて、悪口は言ったこともない子で、友達もいっぱいいるみたいです。

彼の人柄なのか、周りのみんなに教えてもらって助けてもらっているそうで、そういうところにも野球や夫の教えでつちかったものが生きているのでしょう。

「三男・三太さんと黄金の5ヵ条」
父は子供の才能を信じ切ってくれた

初めて5ヵ条の教えを聞いたのは、もう野球をしていたころなので私は小学生でした。子供のころからじょじょに教えてもらっていたのが5ヵ条だったという感じです。私も父の講演会を聞いたことがありますが、確かに昔から教えてもらっていたことを、そのまま話していると思いました。

私が野球をはじめたのは小学校に入る前です。兄が野球をやっていたので、野球に触れたのは幼稚園に入るもっと前からで、家族でやっていました。

野球する、試合に出る、レギュラーになる、高校生になる、甲子園に出る、プロ野球選手になる……その一連の流れで進んでいる、野球以外の選択肢をそもそも考える余地はなく、自然にそうなっていくんだろうと感じていました。

ずっと楽しいわけではないですが、野球しかない、野球をやめて勉強をがんばるとか、そういう考えはなかったです。

家のなかがそういう雰囲気ですし、父が監督で兄弟がみんな野球をやっているので、それ以外の環境がわからない、それが当たり前で生きていました。

あいさつする、靴を並べる、相手から言われる前に動くなども、それが当たり前と思ってやっているので、指導されているというより、環境がそうだからそうなっていたというのがあります。

もちろん習慣になるまでは父がずっと「靴が並んでないぞ」と言っていましたが、だからといって反抗するということはなかったです。

私が小学校4年生のときに、少年野球のチーム、浜川ジャイアンツで父はコーチから監督になりました。それ以来ずっと、四男が所属していたころまで監督をやっていました。履きものを並べるとかあいさつするとかは、浜川ジャイアンツのみんなにも教えていたことです。

私たち4人の兄弟は5ヵ条の教えをやらない選択肢がない、家に帰っても監督がいるから、やらない理由がなかったですね（笑）。

野球で怒られることはめちゃくちゃありましたが、父が怒ったり殴ったりすることはもちろんありません。

基本的に野球で教育を受けたという感じです。

野球以外で怒られた記憶はないです。

あいさつするとか、靴を並べるとかで周りの子供たちにひやかされたことはもちろん最初はあります。やっぱり子供のなかにはやりたいけど恥ずかしくてできない子がいるんです。

そういう子たちから最初は馬鹿にされたりしましたが、じょじょに私と仲の良い子が真似をする、私と友達の2人がやっているともうひとりも真似をする……そんな感じで仲間が増えていったら、逆にやらない方が恥ずかしくなります。

「いつまでもやらないの？」

そんな雰囲気になってからは、自然とみんなで一緒にやる感じになっていたのではないでしょうか。

父は子供たちと個別で話をするので、たとえば5ヵ条をやらない子供がいたら1対1で話をして、その子もいつの間にかやるようになっているというのが多かったです。

●夢をかなえたときの自分をイメージ

私にとっては**「夢をかなえたときのかっこいい自分のイメージ」が一番のキーになって、それをするために靴を並べることが大事だったらやってみようか**、という気持ちでした。

夢をかなえるために何か手段があるならやってみよう、そこにつながっている気がします。

だからたとえば「履きものをそろえる」ではなくて、別のことでもいいと思います。

その習慣がいいというのならばこれもやってみよう、あれもやってみようと**子供だからこそ素直にやれた**のかもしれません。

小学生のころから現地にも行ったことがないのに、甲子園を具体的にイメージすることはやりました。

「うわ、緊張してきた……」

そんなふうに思った記憶があります。

四男は特にまだ小さかったので本当に純粋でした。

「手汗かいてきた……」

そんなことを言って、一緒によく話をしました。

小学生のころには「甲子園に出る、甲子園に行って試合に出る、小学校の同級生にテレビで見てもらう」とイメージをして、紙に書いたりもしました。

そして**運もやっぱり大切です。**

ひとりだけがうまくても甲子園に出場できません。

明豊高校は私の代は予選で負けてしまい、甲子園に出られなかったのですが、ひとつ上の代で甲子園に出ました。

父、兄弟への思い

明豊高校に進学したときは、3年生に兄がいたので、寮生活に不安は全然なかったです。

そして私は厳しい父の指導から離れることができて安心……という思いのほうが強かったです(笑)。

県内に進学したら父が試合を見に来られるので、できれば県外に進学したかったというのは正直ありました。

父から厳しく教えられたことは、結果を出すのが一番ということです。

野球ではバッターは必ずアウトになるので、3回に1回打てたらいいぐらいで、基本的に1試合に1回はアウトになります。できなかったことについての指導が毎試合あるので、それを超える苦痛はないかなと正直思っていました。

クラブチームも明豊高校も指導者は厳しいですが、父はグラウンドから離れても、家に帰ってもいるところが違います(笑)。

明豊高校はグラウンドでは怒られて、厳しいですが、寮の部屋に帰ればもう開放されます。だから私は全然、寮生活も耐えられるという思いでした。

「沖縄から県外に行くなんて大変だね」

「すごい勇気だね」

そう言ってもらえたのですけど、そのころは大変さなんて全然感じてなかったです。もちろん兄がいるからという安心感があったからかもしれませんが。


兄弟は仲が良くていまでもよく会います。

四男が明豊高校に進学しなかったときに、私は心配していませんでした。私も沖縄尚学に行きたいとは思っていたのですが、甲子園に行く前提で野球をやっていたので、私が進学するころはちょうど沖縄尚学は甲子園になかなか出られない時期が続いていたんです。

一方で明豊高校が2年に1回は甲子園に出ていたので、私は明豊に進学しましたが、四男のときは逆に明豊はなかなか勝ち上がれない時期が続いていました。だから四男には明豊じゃなくてもいいと思うよ、という話はしました。

あと沖縄にいてほしいという親の思いもあったのではないでしょうか。

私自身は正直、四男も甲子園へ行けるとは思っていませんでした。

大学は父の後輩になりました。それもすごい縁だと思います。

私は大分の高校で野球をやっていたので、大学に進学するなら九州かなという思いがありました。九州には野球が強い大学が2、3校あるんですが、福岡工業大学はちょうど私が入るタイミングで球場がリニューアルされてとてもきれいだったんです。電光掲示板や人工芝もきれいで、九州で一番きれいな球場ができるという話を聞いて、そこで野球をやりたいと思って入学しました。

父の教えは間違ってないという信頼感

父は熱量がすごいので、仕草や、ちょっと手を抜いたプレイでも怒られました。でも父に反抗したり、野球をやめてやるという気持ちにならなかったです。

野球はやめられるならやめたいとも思っていましたが、ではやめたあとに何をするかが見つけられなかったから、やめなかったということもあります。

あと、結果がともなったからこそ野球を続けられたのかもしれないです。試合にも出て、**ちゃんと結果も出るから、父の教えは間違ってない**という、父に対しての信頼感はたぶん4人兄弟みんなが思っています。

ただ怒っているわけではないということをみんな感じているので、大変だけどやらないといけないと感じていました。

野球以外は優しいので、それもあって保てたんじゃないかなと思います。

恥ずかしいしやりたくないと思ったことはいっぱいありました。

たとえば少年野球の開会式は、指導者や子供がいっぱいいるんです。その大会に出るチームの選手もコーチも保護者もみんな来ているところで、父は私たちに率先してみんなにあいさつをしろというのです。

「あいさつの練習だ！」

実際、みんなにあいさつしました。そのときは苦痛でした。

それぐらい「この程度でいいや」というのがない、ちょっと度が過ぎるくらいまで父はやっちゃうんです。

確かにあの恥ずかしさに比べれば、学校の先生にあいさつするなんて簡単にできますし、近所の人にすれ違ったとしてもあいさつできます。

小学生のころは知り合いかどうかという感覚もあいまいなので、もうまったく知らない、道ですれ違っただけの人にも「おはようございます」とあいさつするぐらい徹底してやっていました。

あいさつは結局、周囲への気遣いにつながっていきます。

「会話をしている途中にあいさつしても返されなかったら意味ないよ」「なんて言っているかわからないあいさつはあいさつじゃない」と父はそう教えてくれました。

ちゃんと相手があいさつを返してくれるようなタイミングであいさつする、と思えば、自分の行動をいろいろ考えるものです。

このタイミングであいさつしたらこうだな、と自然にイメージする練習ができるので、たぶんそこが野球につながるのではないでしょうか。

大人になっても「あの人はこう思っているから、こうしたほうがいいんじゃないか」と考えて行動するときに、父の教えが生きていると感じることがたくさんあります。

あいさつも気遣いも、相手に言われる前に行動することも、いまになって小学生のころからそんなことを教えてもらっていたんだと実感しました。

だから私は周囲の観察や推察がけっこう得意で、苦じゃなく自然にできていると思います。**この力は仕事のほうが生きるかもしれません。**

人の団結の輪が広がる

父の教えに従い、いろんな親御さんに最初は無理やりにでもあいさつしていたら、その人たちが「あいさつするのはいいね」と感じて、自分の子供にもあいさつしなさいと言うんです。

すると**本当は気持ちよくあいさつしたいとちょっと思っていた人の輪がどんどん広がって、類は友を呼ぶように、あいさつする人たちの団結がどんどん強くなります。**

それが応援してくれる人を増やすことにつながり、応援されやすくなるわけです。

もちろんあいさつをしない人もいるので、一緒にやってくれる人がいるだけでうれしくなって、その人と仲良くなります。

そしたら同じ気持ちを持ったつながりが強くなり、野球が好きとか純粋に何かを一緒にがんばろうと思っている人が集まってきます。

だんだん逆に「あれ、まだあいさつやってないんだ？」という雰囲気にもなってくるのです。

高校、大学では野球部が「履きものをそろえる」というルールが決められていました。それはよくあることで、カバンをそろえる、整理整頓することをチームのルールとして決めている野球部はけっこう多く、珍しいことではありません。

チームの団結力、チームで一緒の方向を向く、一緒のルールを守るというところにつながるのだと思います。

野球の強豪校は基本的には道具は並べる、自分のものは整理するというルールになっていると思います。私はもう子供のころから身についていたので、高校・大学では指導されることはありませんでした。

道具を大切にする教えはいまも続けています。靴や自分の身の周りのものは基本的に磨いたりしてていねいに扱い、長く使います。

父が教える5ヵ条に限らず、ゴミを拾って誰も見ていないところで徳を積む、ということもやるようにしています。父はよく神様は見ていると、小さいころから言っていたので、その教えがあったからかもしれません。

たとえばテストが終わったあとや就活の面接の前にゴミを拾うとか、そういうことはやるようにしていました。やらないと逆にモヤモヤします。

親が子を信じてあげる

私は甲子園に出場できましたが、正直、理想どおりではないと思っています。私だけ甲子園の試合に出ていないので、兄弟のなかではちょっと劣等感を持っていました。みなさんから甲子園に出たじゃない、と言われますが、家族のなかだと試合に出られてないから甲子園に出たと言っていいのかな、とあまり胸を張って「出ました」と私は言えていません。

でも試合に出ていないから、野球以外のところでみんなより活躍しようと思って、社会人になったという思いが強いです。野球で達成できていない、悔しさというか、兄弟のなかでは結果が出せなかったことを力に変えて、いま社会人として成果を出そうとがんばっているところです。

5ヵ条の教えはそんな現在とても生きています。

商談でも「これがあるとこれを言われるかも……」とかマイナスなことよりも、良いゴールを設定して、必ず良いイメージから入り、そこに行くにはどうしたらいいかというところで考えています。

そしてファンを作るように、応援してくれる仲間を増やすことも心がけています。たとえば自分から何かお手伝をすることから関係を築いて、その人と「実はこういうところを困っている」と相談できる仲間になり、一緒に苦労して最後に心から感謝を伝えたら、さらに関係が良くなる、ということを何度もくり返しています。

いま社会人として「こういう人だったら自分もついていきたいなという人になりたい」と思って、5ヵ条を実践しているかもしれません。

5ヵ条の教えを続けられた秘訣、夢をかなえられた秘訣は、父が子供の才能を信じ

切ってくれたからだと思います。自分は野球をやっていて「できないかも」と思うことがあまりありませんでした。

父が私にできないからやらなくていいよ、と言ったことは1回もないので、親は子供の才能を信じてあげて、子育てしてほしいというメッセージが父の教えにはあると思います。

「お前はできるよ」

「お前が一番才能があるから」

「お前が野球をしている姿が一番かっこいいから」

やる気を出させてくれるような言葉を父は伝えてくれて、お風呂上がりとかにしょっちゅう指導以外のフォローをしてくれました。

父はほめるときはめちゃくちゃほめるんです。

それで自信がつき、本当に自分はできるんじゃないかと思わせてくれます。

4人の息子たちそれぞれに言っていたとは思うのですが、自分が言われたそのときは自分が一番、自分だけに言ってくれていると信じていました。

自分だけと思っていい、それでいいんじゃないかと思います。

親が子を信じてあげる、**厳しい指導もするけどちゃんと本当なんだよと信じさせてあげることが大事です。**

5ヵ条の教えは、大人も子供に教える前に、自分がまず実践してみてほしい、子供と一緒に親も実践してほしいです。

そのなかのひとつでもいいので、まずはやってみて、それを子供に伝えていってほしいと強く思います。大人になってから知っても、これ、やってみようと思うことがあるはずです。

四男・修さんの挑戦
地元沖縄から4回も甲子園へ

四男が中学2年生のときにこんな会話をしたんです。

「おとう、幼稚園児のときから、いつもあいさつの達人もありがとう大作戦も、お前よくできてるよと俺に言ってたさ。俺、甲子園行けるのか？」

そうは言ってもな……と心のなかでは思いながらも、僕は答えました。

「うん、そうだ。お前は幼稚園のときから一生懸命やってたし、もちろん野球の練習も一生懸命がんばってるからな。応援するよ」

そして四男は沖縄尚学に進学しました。興南高校や中部商業、糸満高校の激戦時代で、沖尚だけはかすりもせず、甲子園に6年間出られていない状況でした。

四男は4人のなかでも特に優しい子で、妻の名前から一文字を名づけたこともあり母子仲良しなんです。だから、ひとりくらい沖縄の高校に行ってほしいという妻の希望をかなえて沖縄尚学に進学したのではないか、それで四男だけが甲子園に行けなかったらかわいそうなので、とても不安で、とにかく高校の3年間に1回でもいいから甲子園に行けますようにと夫婦で祈っていたんです。

でも、ふたを開けてみると四男は4回も甲子園に行きました。

兄貴たちも弟は明豊に来ると思っていたのではないでしょうか。甲子園にも明豊の応援に行っていましたし、明豊のグラウンドにも何回も見学に行ってました。今宮健太選手（福岡ソフトバンク）と次男が明豊時代に二遊間コンビで、四男は今宮選手に憧れていたので、本当に願書を出す直前まで明豊への進学を迷っていたはずです。中学時代の野球チームメンバー何人かが沖縄尚学に行くというのも、決断するにあたって大きかったのでしょう。

四男は現在、不動産の会社で働いていますが、入社したてにもかかわらず宅建の資格もがんばって取って活躍しています。**働けることに感謝すること、環境に感謝すること**が自然に身についているので、そういう気持ちがあれば周りから好感が持たれ、応援されやすいのではないでしょうか。

5ヵ条の教えは仕事においても、変わらずにつながっていくのだと思います。

母が語る四男・修さん

一番のんびり育った末っ子

四男は一番下なので兄たちを見て要領よく、ほわほわと明るく育ちました。

小さいときから一番、5ヵ条を素直に実践していたと思います。得意げにやっていました。4人目だから、夫も一番優しく育てたのではないでしょうか……でも厳しいときもあったかな（笑）。勝たないといけない試合で、大事な1球を打たれて負けたときに、夫は監督なのに怒って帰ってしまったことがありました。表情はそんなに怒ってなくて、厳しく見せないような厳しさで、優しげなひと言がきついんです（笑）。

四男は中学から明豊に進学する話があったのですが、夫が寮を見学して、自転車で通う道を見た瞬間、あ、無理だという判断をしてくれたんです。私がもし「大変だよ、自転車であんなところ通うのは」と息子に聞いて、彼が「でも、できるだろう」と答えたらそれで決まってしまったところでした。中学生から親元を離れることを身近な人に相談したら「人格が変わるよ」と言われて心配していたので、夫が「ああ、無理無理、行かさない」と帰ってきてよかったと思っています。

高校では甲子園に行きたいという目標があったので明豊への進学を考えていたのですが、ちょうどそのころ明豊のチームスタイルが変わったり、中学のチームメイトがみんな沖縄尚学に進学したり、いろいろな理由があって沖尚に決めたんだと思います。甲子園に行けなかったらどうしよう、かわいそうだなという思いがありました。でもチームがとても強かったんです。あと沖縄の野球人気はすごくて、地元みんなの応援も力になったと思います。2年生の春に出場してくれて、「わあ、よかった！　これで甲子園行ってくれたね」と喜びましたが、結局4回も出てくれました。

高校には家から通っていたので、朝に「今日、決勝」と言って行くわけだから、もう私はそわそわしていました。でも自分が試合に出る方が緊張しない、人の試合を見ている方が緊張する、手汗かく、と息子たちは4人ともみんな言ってます。

練習もすごくやっていて、チームの練習から帰ってきてからも、「捕りかたが違うんだな」と近所の壁とかで自主練をしていました。

だから四男には社会人になっても野球を続けてほしかったんですが、本人は俺くらいのレベルはどんだけでもいるから、と結局、野球はパチッとやめました。いま仕事がとても楽しいと言ってがんばってます。

〔四男・修さんと黄金の5ヵ条〕

苦境の乗り越え方を野球で学んだ

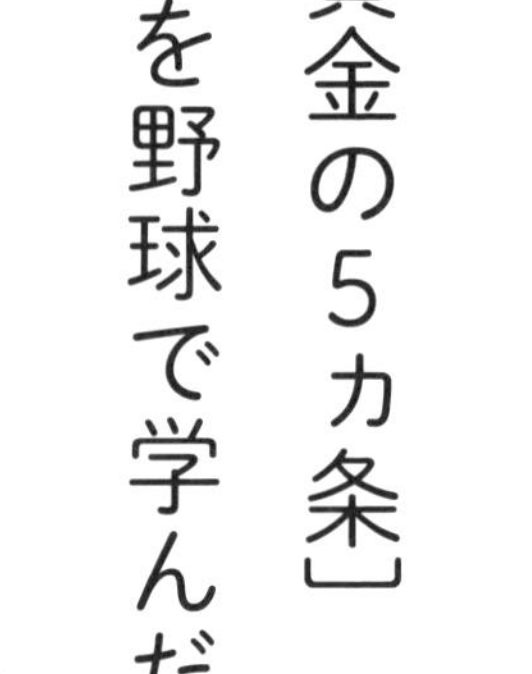

僕は正直、父から靴を並べなさいと厳しく言われた憶えがないんです。

「履きものをそろえると野球がうまくなるよ」

最初の記憶からすでにそう言われていたので、いつ初めて5ヵ条の教えを言われたかという記憶もありません。

ただ、ずっと父に質問していた記憶はあります。

「どうやったら甲子園に行ける？」と。


お兄ちゃんたちに連れられて幼稚園児のころから野球はやっていました。

小学校では少年野球チームの浜川ジャイアンツに入り、最初のころは5つの教えができていないときもあったので父に注意された記憶はあります。

キャッチボールをしに家から公園に行く途中で、すれ違った近所の人に僕があいさつしなかったんです。

「いまのはあいさつだよ」

そのときに**相手よりいつでも先に伝わるようにしないと**って父に怒られました。

お兄ちゃんたちもいた記憶があるので、幼稚園のころだったかもしれません。

あいさつをしなくて怒られたのは、そのとき1回だけです。それからは習慣になって自然にやっていました。

あいさつが野球になぜ関係あるのだろう？　と思う人もいるかもしれません。

たとえば野球では、自分がランナーとして塁に出て「ここだ！」と思ったときに瞬発的な動きをする勇気、「行くぞ！」という気持ちがないと、「あ、ダメだった！」で終わってしまいます。

あいさつも一緒で、相手が来たときに「あっ！」と一瞬ためらうと、野球にたとえるなら「刺されて」しまうんです。あいさつするときの勇気が、野球につながるというのは野球をやっているとよくわかります。

あいさつや履きものをそろえることについて、小さいころは友達にからかわれたりはしました。

でも逆に「お前らもやったほうがいいんだよ」と言っていましたし、父が浜川ジャイアンツの監督として5ヵ条をみんなに教えていたので、僕だけでなく周りの子もみんなやるようになっていました。

正直、履きものをそろえることは、中学生のころまでは野球にとっては意味がないと思いながらやっていたんです。

でもいま思うと、小さいことに気づいたり、周りを見てずれているなと感じたら整えたりできないと、野球ではちゃんとしたプレーができないということがよくわかります。靴をそろえる習慣は、そういうことにつながるのでしょう。

本当に小さいことですが大事なのです。

小さなことに気づけるようになると、試合においても「ここ何か変わったな」「あ

の選手、何かしてきそうだな」と考える力が身につくようになります。

チームのなかの自分について考える

僕は反抗期がありませんでしたし、反抗しようと思ったこともありません。なぜでしょう。兄たちもみんな5ヵ条の教えをやっていたので、反抗するなんて思いもよらなかったのでしょうか。わかりません。

野球をやめてやるという気持ちになったこともまったくないです。

僕は大学まで野球をやりましたが、決して最初から上手くはありませんでした。試合も出て、甲子園も出ましたが本当に上手い選手ではなかったです。

ずっとチームの中心ではなく、1番バッターや4番バッターになることも1回もなかったので、全体を見て自分ができること、チームに必要な存在になることをがんばったのかなと思います。試合に出るのは9人なので、そのなかで必要な選手になることを考えた、というのはあったかもしれないです。

小学生のころは何も考えずただがむしゃらで、チームのなかの自分について考えはじめたのは中学生のころからです。

小学校は野球部員が少ないので、試合はほとんどの子が出られます。中学ぐらいから上手い人がいっぱい集まってくるので、そのなかでどうすればチームのためになるかということを考えてやってきました。

中学生になるとＳＯＬＡ沖縄というクラブチームに所属し、中学2年生のころに大矢ベースボールクラブというチーム名に変わりました。ほかにもいろんなチームがありますが、沖縄じゅうの比較的強い、上手い選手が集まるチームでした。

5ヵ条をずっと続けられたのは、野球がうまくなりたいという気持ちでやっていたのが大きかったです。これを続けていれば甲子園に出られると思ってやっていました。

「夢を言葉にする、紙に書く」ことも小学生のころやっていました。

夢をかなえたときのかっこいい自分を具体的にイメージする、というのもずっとやっていました。

僕の目標は甲子園出場だったので、過去の試合の好きな場面を写真に撮ったり、高校生のときは明豊高校の今宮選手みたいになりたいと思っていたので**「こんな選手に**

なる」と書いたりして、いつも目に入りやすいところ、トイレなどに貼っていました。

地元沖縄から4回も甲子園に出場

3人の兄は明豊高校に進学しましたが、僕は沖縄尚学を選びました。

周囲からも明豊に行くんだろうと言われていましたが、「なんで明豊高校に自分が行ったほうがいいのかな」「別に沖縄の高校に行ってもいいんじゃないかな」と自分でちゃんと冷静に考えたんです。

そのときに周りの良い選手が進学する高校を選んで、「ここに行きたい」と決めました。それがたまたま沖縄尚学だっただけです。

ずっと沖縄尚学に入りたかったわけでもありませんでした。6年間甲子園に出場していませんでしたし。

高校を選ぶときは「甲子園に行きたい」という目標が前提で、「もし甲子園に行けなかったら……」というプレッシャーはひとつもありませんでした。

反対に単に流れで、考えずに明豊高校に進学するのも、ちょっと嫌だったんです。

兄たちみんなが行っているから行く、という理由はあまり好きではありませんでした。

沖縄の高校から甲子園に出場したいという気持ちはあったか、というと若干はありましたが大きくはないです。それが高校の選択理由の中心ではなかったです。

とにかく「甲子園に行くためには？」ということを考えました。

兄たちは意外と心配していなかったと思います。

「お前が自分で考えて選べよ」

そんな感じでした。明豊高校に来たかったら来ていいし、明豊はこんな良いところがあるよ、といろいろ教えてくれましたが「絶対来いよ」とは言いませんでした。

幼稚園からずっと5ヵ条をやっているから俺は甲子園に絶対行けるだろうという自信はあったのかもしれないです。だからプレッシャーもなかったのかもしれません。甲子園には絶対に行ってやると思っていました。

でも4回も出るとは思わなかったですね（笑）。

甲子園をはじめ、幸運が自分にくっついてきたと感じた印象的な瞬間はいっぱいあります。

高校時代に明治神宮大会の決勝で、最初は負けていて、僕が打ったボテボテの球を相手がエラーして逆転したときは、「あ、運がいいな」と思いました。

父はそのとき講演のために宮古島に行っていて、講演前は7回裏、8―0でボロ負けしていたのに、講演が終わったら9―8で逆転していたそうです。最後の9点目でホームインしたのが僕でした。

僕自身まさか勝つとは思わなかった試合で優勝しました。運がよかったです。強いだけではなく幸運がないとダメなんです。

当たり前のプレーを当たり前にやる

強い気持ちで夢を実現できた理由は、当たり前のことを当たり前にやるというのが本当に大事だなと思っていたので、それが一番ではないでしょうか。

父に教えられたこと、靴をそろえる、道具を大事にする、あいさつする、感謝するというのは当たり前のことです。

それをやると野球にどんな関係があるかというと、変なミスをしないようになったり、当たり前のプレーを当たり前にしたりできるようになります。

父が一番厳しく教えることは、当たり前のプレーを当たり前にする、できることはちゃんとできるようにしないといけない、ということです。

たとえば、ホームランを打つことはたぶん僕たちにはできないので、当たり前のプレーではありません。僕たちにできることはちゃんとミスをしないような考え方ができる、ということです。

僕には派手さはありませんが、当たり前のプレーはできていたほうだと思います。

たとえばアウトカウントのミスをしない、本当に当たり前ですよね。

打ったら全力疾走する、これも当たり前。

できることのレベルがちょっと高くなると、たとえば相手のクセを見抜く。

これも気をつけて見ればできることです。

ピッチャーのクセを見抜く、バッターが何をしそうなのかを気づく、気づこうと思うことは誰でもできます。気づこうとしない人がいるだけで、気づこうと思えば、ちゃんと考える、そういう視点を持っていること、周りを見ることが大事です。

ヒットを打つことは人によってできる・できないがありますが、クセを見抜こうとする、周りを見ようとする、というのは誰でもできることです。

そういう当たり前のことは当たり前にやるよう気をつけていました。

上手い下手じゃない、技術じゃないところで争っているのに、当たり前ができてないと、厳しい言葉で父から言われました。

走るだけの練習、全力疾走だけの練習、けん制の練習もしていました。

「気づけ。そこにすきがあることを気づけ」

盗塁についても、相手がバッターに警戒しているとか、二遊間のけん制に入る人たちがあんまり俺に気を払っていないとかは、うっすら気づこうと思えば気づけることです。僕は周りに気を配れて、勇気もあったので、

「あ、いまだ！　これだ！」

と行くことができました。

そのときに行けたのは、毎日ちゃんと「いまだ！」と思うときにあいさつができて、勇気があったからだと思います。

やはり5ヵ条がちゃんと野球につながっているんです。

僕たちはすごく上手いというわけではない

父の言葉で印象に残っていることは2つあります。

1つはあいさつを怒られたことです。「いまだろ」と。

2つ目は小学校低学年のころに言われたことです。

試合で打てなかったときに、悔しかったら素振りを100回やってこいと言われました。素振りをやり終えて家に戻って「100回終わったよ」と言ったら、「こういうときは100数回やるんだぞ、またやってこい」と言われました。それで次は「150回やった」と言ったら、「ああ、そういうことだ。**やれと言われたことだけじゃないんだ。自分でもっとやるんだ**」と言われました。

それ以来、ミスをしたとき、たとえばエラーして負けたとき、試合が終わったあとも自分だけはもう少し練習してから帰ることは習慣づけていました。

能力に差があれば人より練習しなくてもやっていけると思うんですが、同じぐらいの能力だったら、絶対に練習をやっている人のほうが上手くなります。

だから僕は周りよりもちょっとだけ上手くて甲子園に出られたのは、そういう差なのかなと思います。周りにプロに行くような選手がいたら勝てませんが、同じぐらいのレベルでやっていて、僕がちょっとだけ上手くなって試合に出られたのは、その小さい差なのでしょう。

「みんな甲子園に出て4兄弟すごい！」

そう思うかもしれませんが、野球をやっている人からすると、確かにちょっと上手かったな、試合に出てるよな、という感じだと思います。

僕たちはすごく上手いというわけではありません。

5ヵ条は簡単に今日からみなさんが実践できることです。

「いつもそうしていたら試合に勝てるよ」

「野球が上手くなるよ」

「甲子園に出られるよ」

ポジティブな言葉で伝えられたからこそ、子供のころからやれたというのがあるかもしれません。

強い学校ほど当たり前のことを徹底

大学を選ぶときは、駒澤大学で野球をやっていた次男が4年生のときの監督が沖縄尚学に来てくださって、そのときにスカウトされました。

駒澤大学でレギュラーになったのは4年生のときです。

それまではベンチには入っているけど、試合にはちょっとしか出られませんでした。僕は野球の全部が上手いわけではないので、自分のポジションを確立し、チームの雰囲気など全体的なことを大事にするのでレギュラーに入ったのかなと思っています。

いまでも憶えている印象に残る出来事はたくさんありました。

たとえば、僕は9番バッターだったのですが、8者連続三振の局面で打席に立ったことがありました。周りは当然、9番打者も三振するだろうと思ったはずですが、そのピッチャーからヒットを打ったのが一番の思い出です。

8者連続三振しているというのはわかっていましたが、いままでどおり当たり前のことをちゃんとやるということだけを考えていました。

駒澤大学に入っても、やっぱり履きものをそろえるとかはもちろんずっと続けていましたし、野球が強い大学だったので、逆にそういう習慣を徹底していました。あいさつをちゃんとしなさい、靴もちゃんとそろえなさい、道具も大事にしなさいというのは当たり前のことでした。強い学校であればあるほど、当たり前のことを徹底していると思います。

当たり前だからこそ、小学生のころに5ヵ条をやっていて、たまに「バカバカしいだろ」「これ何が野球に関係あるの？」と思ったことも正直ありました。

でもこれができないと確かに野球が上手くなったりしないだろうと思っていました。

大人になって、みなさんがやっているということは、やっぱりちゃんと深い意味があるんだなと感じます。

大学卒業後は、もう野球はできないや、と思ったんです。

足も速くないし、バッティングも良いわけではないし、肩も強いわけじゃない、僕の能力ではもう絶対に今後も野球を続けることは無理だと思ったんです。

やってみてないのでわからないですが、ここから肩が強くなるとか足が早くなるとか、バッティング良くなるとかも、あまり想像できなかったです。

いま不動産会社で働いていて成績がいいほうではあります。会社員の仕事は野球とやっていることがほとんど変わりません。

先輩に教えてもらった課題を解決するのは仕事も野球も一緒で、ここが自分はできてないから試合に出られないんだなと思ったらそれを改善するように、会社でも「こういうところができてないぞ」と先輩にアドバイスをもらえるので、それができるようにがんばっていたらいつの間にか成績が一番になっていたりします。僕がそれをがんばらなくなったら、たぶんどんどん成績は落ちていくのでしょう。

お客さんに質問をされたことに答えられるよう知識を身につけなさいと先輩にアドバイスを受けたので、勉強して、入社1年目で宅地建物取引士の資格も取りました。お客さんに教えてあげる立場だから勉強しなさいと言われたので、それをやっただけです。

運がいいな、と思ったのは合格点ぴったりの点数で受かったところです。入社1年目で一発で合格したので、周囲からも「お前、運がいいな」と言われています。

●野球で結果が出せなくても人間的に成長すればいい

働いてからも5ヵ条の教えは役立っています。

たとえば新入社員のときに、自分から上司にあいさつをしにいかないと、上司から聞きたいことをスムーズに聞き出せなかったり、自然に関係ができなかったり、というのはあるのかもしれません。

あいさつしていなかったら、本当は上司が教えたかったことを聞きそびれていたかもと考えると、あいさつも大事だなと改めて思います。

子供のころからそういう習慣を意識していれば、後々いろんなことにつながっていきます。たとえばあいさつをしておくと、野球をしていない人でも、誰かに何かを教えてもらいたいときに、

「この子に声をかけやすい」

「いつも元気に明るくあいさつしてくれるこの子にこんなふうに教えてあげよう」

と大人でも思ってくれるものです。

履きものをそろえることも、周りのことに気づくことができるようになる、という

良い面があります。小さいころから周りを見ることはなかなか難しいです。

　それは「ここがおかしい」と気づく力になります。


　僕も子供が生まれたら、5ヵ条を徹底させたいと思うくらいです。子育て中の人も実践するといいのではないでしょうか。

　子供が野球をやって、たとえそれで結果が出なかったとしても、野球を通して人間的に成長してくれればそれでいいんです。僕自身、プロ野球選手になったわけではないですが、野球をやっていてよかったとすごく思います。

　野球で挫折もありました。

　高校でも大学でもすぐにはうまくいきませんでした。

　仕事でもうまくいかないときが絶対にありますが、その乗り越え方を、野球を通じて僕は学んでいます。

　高校生のころは甲子園球場で試合に出るという目標があったので、そんなに上手くなくても、ケガをしても、その目標を捨てたくはありませんでした。だからあきらめずにできたと思っています。

ケガをしたときもショックなのはその日だけで、ケガをしたことはどうにもできないので、トレーナーと相談しながら、ではここからどうしていくかということしか考えてなかったです。「ショックだ」「もう無理だ」という気持ちはまったくありませんでした。

１日１日は過ぎていくだけなので。

うまくいかないときはやるしかないです。

ミスもケガも変えられないので、足りないところ、やるべき課題など自分の現状を踏まえて前を向くしかないことを、野球を通して僕は学びました。

第3章

黄金の5カ条が育てた野球小僧たち

野球が上手くない、体が小さい子でも人や運に助けられて成果を出せる

僕は少年野球チームの指導をしながら、４人の息子たちに伝えたときとまったく同じように、「夢をかなえる黄金の５ヵ条」をすべての教え子に教えていました。

小学生のときから目を輝かせて「監督ありがとう！」と実践した子のなかには、甲子園に行った子もいますし、プロ野球選手になった子もいます。

野球以外でも「海猿」と呼ばれる第11管区の船乗りになりたい、という夢を作文に書いていた小学生が成長し、難関を突破して実際に11管区に入ったりしています。

幼いころは野球が上手ではなく、そんなに体も大きくなくても、５つのことをこつこつ実践していく子は何かしら自分の目標をかなえています。

当然、なかには教えても絶対にやらない子もいます。

ピンと来ていない子、グラウンドでスパイクやカバン、グローブをちゃんと並べない子、大切にしない子ももちろんいます。

見ていると、そういう子は中学までは体も大きくてまあまあ野球で活躍するのですが、高校生になったらいまいちレギュラーに入れなかったりします。

野球に限らず、実力を発揮できる人、何かをなしとげるような人は、周りの環境や仲間、指導者、両親への感謝の気持ちを持ったうえで、自分が描いた夢をイメージし、努力をします。

だからこそ、**彼らはいろんな人や運に助けられて、成果を出せる**んだろうなと感じます。

教え子たちの進路を見ていて、なんとなく僕が抱いた実感です。

頭ごなしに伝えても子供たちは「なんで?」と感じる

子供たちは、特に年齢が低くなればなるほど、**「なるほど!」と思えるような言い方、伝え方をすればそのとおりやるんです。**

たとえばあいさつについて、2、3年生の先輩は新入生に何回も何回も教えますが、

「おい、お前、グラウンドに来たらちゃんとあいさつしないか」

と言われる側は何も心に響きません。

「昨日も言われたよな」

そうとしか思っていないでしょう。

僕もよく子供たちに質問されました。

「監督、なんでしょっちゅう先生も監督も、あいさつせえ、あいさつせえ、言うの?」

「お前、あいさつは当たり前だろ?　野球選手があいさつできんでどうするか」

僕は少年野球チームの監督になったばかりのころ、こんな言い方をしてたんです。

「お前、5年の先輩も6年の先輩も見てごらん。ちゃんとあいさつしているだろ？　だから野球選手はちゃんとあいさつができんとだめなんだよ」

でも子供たちはこう思うでしょう。

「意味わからん」


ある日、子供たちに次のように伝えてみました。

「あいさつというのは、相手よりいつでも先に伝わるようにやれば、お前たちのファンが増えるんだよ。誰かがお前たちにラッキーを運んでくれるんだよ。ラッキーがついてきたら、野球も上手になるかもしれんよ。そしたらお前、レギュラーになれるかもしれんよ。応援する人もいっぱい増えるんだよ」

子供たちの目の輝きが変わります。

「監督、そうなんだ！　じゃ、俺、あいさつしよう！」

どうしたら子供たちの心に言葉が伝わるか？　僕も子供たちにたくさん練習させてもらいました。

ただ頭ごなしに「あいさつせえ」「またカバン並べてないよ」「何回言ってもわからんなあ、お前たちは。なんでカバンをちゃんと並べんか！」と言っても、「なんで？」と子供は思っているんです。

逆に「なるほど！」「じゃ、並べよう」「じゃ、ありがとうをいっぱい言おう」「そうだったんだ！」と思わせれば、もう、こっちのものです。子供たちは必ずやります。

子供たちの目を見ればわかります。

前はちゃんとできたのに昔に戻ってしまったな、という子もいます。僕が少年野球チームで監督をしている間は、そういう子にはいろいろ折にふれ話しかけていました。

僕が監督をしていた沖縄のチーム、浜川ジャイアンツは50〜60名の小学生が在籍し、毎年新たに約10名が入ってきました。

4月の新しい年度に進級すると、子供たちのクラス替えがあります。

いつも練習後に整列して1〜2分いろいろ話し、あいさつして終わるんですが、新学期のタイミングでなんとなくひらめいて、子供たちに僕は言ってみました。

「明日から新学期がはじまるよな。4月から大会もはじまるんだけど、レギュラーになりたい人！」

「はい！」

みんな返事をします。

「よし！　ではレギュラーになる条件を俺がひとつ言うから覚えておけよ。明日になったらみんな新しいクラスに行くだろう？　そのときに必ず先生がみんなに自己紹介をするよ。そして次にこのクラスの委員長などを選ぶでしょう。な、わかるよな？」

「わかります！」

「そのときにクラス委員長になりたい人！　って先生が聞くはずだから、先生の目を見て、はい！　と手を挙げるんだよ。もしクラス委員長になれた人は、明日の練習のときに俺のところへ言いにこいよ。クラス委員長になったらレギュラーの第1候補だからね」

「監督、もし、同じクラスに2人とか3人とか手を挙げる人がほかにもたまたまいたらどうするの？」

「そのときは体育委員長でも給食委員長でもいいんだよ。とにかく〝長〟とつくのになったら俺に言いにこいよ。みんなの名前を書いたバインダーに、テストの点数や、あんなことやこんなことをちゃんとやった、とか書いているから」

僕が子供たちをチームのレギュラーに抜擢する条件には、「野球がうまい」「ヒットを打つ」にプラスして、「クラス委員長になった」「学校のテストで80点以上を取った」といった野球以外のことも、ポイントをつけるように考慮に入れていました。

「委員長や学級役員長に立候補してみよう」と子供たちに初めて教えてから何週間か経って、校長先生から僕の携帯電話に連絡がありました。

この校長は浜川小学校にその年初めて赴任した人で、別の学校から転勤してきた先生でした。

「砂川監督ですよね？」

「はい」

「もしお時間があれば、今日でも明日でもいいから校長室に来てもらえませんか？」

僕は怒られるのかな？　と思いました。

後日、校長室に行ってみると、校長先生はこう言いました。

自分は何校かで校長をしてから浜川小学校に来たんだけど、1年1組から6年4組まで、新学期のその日のうちにクラス委員や役員の子がすべて決まるというのは、この浜川小学校で初めて経験した、と。

「しかも委員に名乗り出たのは浜川ジャイアンツの子供たちがほとんどみたいなんですけれど、これってどういうことですかね？」

　野球のレギュラーになれる、野球が上手になる、**夢をかなえるためにできることを子供たちに言ってあげれば、子供たちは素直にいろんな教えを実践する**んだなと僕は実感しました。

　でも校長先生には本当のことは言いませんでした。

「いや、たまたまでしょうね。わからないんですけど、けっこう元気のいい子がいっぱいいるんで」

　たとえばそんなエピソードもありました。

子供のころからみんなの前に出て リーダーになるチャンスをつかむ

「委員長や学級役員長に立候補してみよう」

僕はなぜそんなことをひらめいたのでしょう。

学級委員長だったり、副委員長だったり、何かの長になるということはリーダーになることです。

クラスのみんなの前に出て進行係をするようなことを、小学生のうちからできるチャンスを自分からつかんでいけば、得することがあっても損はしません。

まずは試しにと思って言ってみたら、ほとんどの子が僕にこんなことを伝えてきました。

「あの……監督、もうクラス委員長はタカシが先に手を挙げたから、俺、副委員長になりました」

この教えは僕が監督をしている間はずっと継続しました。

子供たちみんなの前でリハーサルもしました。

「いいか、必ず、もっとやる気のある浜川ジャイアンツの選手以外の子がいるかもしれんから、リハーサルをするぞ。先生がこのクラスのクラス委員長になりたい人、って言ったか言わんかくらいに、先生の目を見て1回だけ、はい！　って言うんだよ。絶対に、はいはいはいはいはい！　って言うなよ。軽く見られるよ」

「はい！」

「じゃ、行くぞ！　このクラスのクラス委員長になりたい人！」

「はい！」

こんなことは子供たちと本当に楽しくやってました。

野球以外のことをけっこう自分も楽しみながら教えていたのです。

感謝の気持ちを深く伝えて周りから応援してもらえる人になる

少年野球チームは代表・中学年・低学年というカテゴリーに分かれるんです。

1年生から3年生までは低学年の部で、4年生5年生が中学年の部、5年生6年生は代表の部となり、3つに分かれて大会が行われます。練習するときも3つがバラバラでやるんです。

低学年チームはまだまだ野球もできない子がいっぱいいます。そんな子供たちがお母さんお父さんから一生懸命応援してもらえるようにするためには？　と考えたときに、また僕はひらめきました。

低学年チームの大会が開催されるタイミングで、20名ぐらいの選手たちを集めて、また同じように言ってみました。

「今度の大会、試合に出たい人！」

「はい！」

手を挙げますよね？　次にさらに聞いてみます。

「じゃ、俺がレギュラーの候補になる方法の提案をするよ。誕生日のときにお母さんお父さんからプレゼントもらったことがある人は？」

「はい、ある！」

そう言いますよね。

「12月に誕生日がある人！」

「はいはいはい！」

「1月に誕生日がある人？」

子供たちに聞いてから伝えました。

「いいか、誕生日のプレゼントをもらうときに、ただ、ありがとうって言ってもらうんじゃないんだよ。誕生日のプレゼントをもらう前に、お母さんやお父さんの目を見るんだよ。お母さんお父さん、今日は僕のために世界中で一番（ここで身ぶり手ぶりを使って大きく）。**世界中で一番がんばってくれてありがとう**、って言ってプレゼントをもらうんだよ」

これもリハーサルをやりました。

そして子供たちは本当にやるかな？　と思っていました。

何日か経ったときに、僕の仕事場に、あるお母さんから電話がかかってきたんです。

「監督、いま、電話大丈夫ですか？　実は昨日ぐらいから……」

「あれ？　もしもし？」

お母さんは途中まで言いかけてから、電話の向こうで声が詰まって話ができなくなっているんです。

あとからわかったんですが、実はその子を生むときにそのお母さんはとても難産だったらしいんです。それが昨日、誕生日のパーティをしたときに息子が「ありがとう」って言ってくれた、と。

家で本当に教えたとおりにやってくれたんかと思って僕はうれしくて、お母さんと一緒に電話で泣きながらよかったですねと言いました。

同じことを低学年の子供たちにはずっと教え続けました。

そしたら本当に僕が思ったように、お母さんたちも子供たちの大ファンになりました。一生懸命に土日も手伝いに来てくれたり、そんな面白い、楽しいこともありました。

子供たちを指導させてもらうことで、僕はたくさんのことを勉強させてもらいました。

「お前、誕生日プレゼントをもらうときにちゃんとありがとうってもらうんだよ」

子供たちにそんなことを言っても、

「はい、俺はありがとうを言っていますよ」

と言って終わってしまいます。

もっと深く、最初は演技でもいいから伝えさせるのが大事です。

子供たちが5年生6年生になったら今度は次のように伝えます。

「お母さんお父さんも一生懸命お前たちの応援をしてくれるんだから、感謝の気持ちを持ってがんばるんだよ」

感謝の気持ちをちゃんと表現するには、下手くそでもいいから試合中に大きな声で元気を出してキビキビ動いたり、一生懸命やる姿を見せたりすること。

それが感謝の恩返しなんだよ、という話は僕も監督やコーチから教えてもらいました。

それを子供たちの腑に落ちるように話してあげることが大事です。

「おい、お前、声を出さんか！」

「元気出さんか！」

「声も出して行け！」

試合中にただそんなことを言っても伝わりません。

「声を出しても投げるとか打つにはなんも関係ない」

子供たちはそう思うんです。

応援に来てくれた親やおじいちゃんおばあちゃんに自分の元気な姿を見せて感謝を表現する、それと同時に声を出すと、体もやっぱり動きやすくなるんです。

リラックスできるし、緊張もほぐれます。

だから**プレーにもつながっていくので、やはり声を出すということは大事なことなんです。**

ただ意味もなく大きい声を出せと言われても伝わりません。

「先生、声を出せってなんでかな？」

僕が子供たちに教えていることは、僕自身が教えてもらってきたことをアレンジして伝えているだけの話です。

いろいろな良い指導者に、僕自身も恵まれてきました。

第4章 野球小僧ひとすじの人生から生まれた5カ条

小さいころから甲子園に行くと決めていた小学生から社会人まで野球ひとすじ

僕自身、野球は小学生のころからやっていました。僕が小学生のころは、遊ぶことといったら野球しかないんです。原っぱでボールと棒切れで遊んだりして、自然に野球をするようになっていました。

小学校のときは体がみんなより少し大きいほうでした。高校で身長はストップしましたが、野球が人よりも上手にできる感じだったんです。小学校から中学・高校・大学・社会人までずっとピッチャーでした。

高校では甲子園にあと一歩、あと一勝のところまで行きました。

小さいころから甲子園に行くと決めていたくらいの夢だったので、「えっ！」と思いました。

でも行けなくなった瞬間に、こう思ったんです。

「えっ！　でも行きたい！」

もしかすると、出場できなかったあともずっと甲子園の夢をあきらめてなかったのかもしれません。

だからこそ運良く妻と出会うことができ、息子たちが生まれ、４人の息子たちがすべて甲子園に行くことができた……掘り下げていけばそういうところにつながるのかもしれません。

強豪・豊見城《とみしろ》高校を破り沖縄大会で優勝
甲子園にあと1勝まで勝ち進む

僕が子どものころは沖縄では、豊見城高校が甲子園に出場する常連校でした。

僕も中学生のときに豊見城高校から声をかけてもらい、練習に参加させてもらったんです。

でもなぜか、この強い豊見城高校を破って隣の真和志《まわし》高校から甲子園に行きたい、って僕は思いました。

というのはかっこいい言いかたですが、半分以上の本音は、豊見城高校の練習はあまりにもきついんです（笑）。もしこの高校に入ったら、僕は続かんだろう、続けることができないかもしれないと、正直そのとき思いました。

僕は根性なしなものだから、豊見城よりもあまり強くない、本当に豊見城のすぐ隣にある、真和志高校へ行くことに決めました。

そしたら那覇近辺の野球が上手な中学生がたまたま運よく真和志に集まったんです。

僕はピッチャーで、良いメンバーと一緒に戦うことができ、**選抜大会出場をかけた試合で僕の代だけ真和志高校は沖縄で優勝しました。**

豊見城高校を決勝戦で本当に破ったんです。

仲間が本当にすごくて、僕はたぶん3流くらいのピッチャーでした。点は取られるけど、仲間が点数を逆に多く取ってくれて、勝ち進んでいきました。

しかし九州大会でベスト4に入る試合で負けたんです。甲子園にあと一勝のところまで行ったのは、高校2年生の秋でした。

とても運がいいことに、その九州大会は福岡の平和台球場というところで開催されたのですが、そこにたまたま福岡工業大学の監督・コーチが来て僕たちの試合を見てくれて、それで誘ってくれたんです。

沖縄県からこの大学に野球推薦で入学したのは僕が初めてでした。

九州大会の開催地がもし鹿児島や佐賀、大分だったら、福岡の大学の方々ともめぐり合っていなかったかもしれません。

怒られてばっかりの新人営業マン 度胸がついた福岡での社会人野球時代

大学を卒業するときに福岡の三菱自動車が硬式野球部を作り、僕は第1期生として所属することになりました。だから25歳くらいまではずっと本格的に野球をやっていたんです。

福岡では1日の半分は野球を練習して、午後から飛び込み訪問で車を販売していました。これは当時だからできたことで、玄関のブザーを押してセールスして車を売るなんて、いまはそんな営業はできません。

担当のテリトリーに野球部のメンバーがマイクロバスで連れていかれ、そこでパンフレットと、お客さん情報のカードを持ちながら飛び込み訪問営業をやるわけです。

僕は沖縄出身だし野球しかやってきていないので、なかなか福岡の人に飛び込みセールスなんてできません。

断られてばっかり怒られてばっかりだから、怖いんです。

約2年で17台くらい売れたかなという成績でした。

それでも飛び込み訪問をずっとやったことで、ちょっと度胸がついたような気がしています。

そんな社会人野球の生活はヒジと肩が故障して、1年半くらいで終わりました。

福岡では新車のセールスをしながら野球をしていたので、地元沖縄の三菱を紹介してもらい地元に戻ることになりました。

「野球は十分やった」

そんな気持ちになっていたので、**次は自動車の販売に情熱を傾けようと思っていました。**

地元の沖縄であれば言葉も通じやすいし話もしやすいし、知り合いもたくさんいるということで、やる気も出ましたし、がんばりました。

「俺、この人と結婚する」
テレビで見た女性と運命的な出会い

福岡にいた1年半は、野球しかしていませんでした。

そんなある日、野球部の寮でお昼ご飯を食べていたときに、地元のミスコンテストがテレビで放送されていたんです。

いまから40年ほど前ですから、そのころミスコンが流行っていたんです。

5人の野球部の仲間とその番組を見ながら、誰が優勝するかおかずをかけようということになり、僕はその日のメインのエビフライを大皿に置いて、3番の人に賭《か》けました。

審査が進み、1番から11番の女性たちに絞られたなかで、司会者が候補者に次々と質問をします。

「みなさん何かスポーツをしてますか？　または、していましたか？」

僕が選んだ3番の人は答えます。

「陸上をしていました」

短距離と中距離が自分の種目だ、と。

「好きなスポーツはなんですか？」

司会者がそう聞くと、3番の人は言いました。

「野球が好きです」

子供のころからお父さんとキャッチボールもしていたし、野球が大好きだ、と。

僕は野球しか知らないし、ずっと寮にいて恋人もいませんでした。

〝この人と結婚して、この人が男の子を生んだら、足も速い、良い野球選手になるだろうな……〟

そんなことを思いながら僕はテレビを見て、ご飯を食べていたら、とうとうその3番の人が優勝したんです。

「おっしゃ！　ラッキー！」

司会者は優勝者に質問しました。

「今日はどこから参加しましたか？」

彼女は福岡市内のある町から来たと答えました。

それを聞いた瞬間に僕は４人の仲間に言いました。

「俺、この人と結婚する」

４人の仲間は福岡の人、関西出身者いろいろですが、みんないっせいにアホかと僕を笑いました。

でもそのとき、彼女の地元は僕の販売担当テリトリーのひとつでした。

ずっと真面目に訪問営業をしていれば、いつかこの３番の人に会えるという確信があったので、みんなに言ったのです。

そして、あまりにみんなが笑うものだから、僕はこう思いました。

「よーし、この４人を結婚式のキャンドルサービスの席に座らせて、この３番の女性を僕の横に座らせてやろう」

そんな夢がぶわっと心にふくらんだのです。

「絶対にお前たち、結婚式に来いよな」

「いつでもどこでも行ってやるよ」

それから5年後に、本当にこの夢が実現できたんです。

約1万所帯から見つけ出した運命の人との再会

「俺、この人と結婚する」

とっさに仲間にそう言って笑われている間に、「ああそうだよな、3番の人をどうやって探し当てようか」と考えました。

彼女は覚えやすい名字でした。

彼女の地元はなかなかの都会で、商店やマンションもあり、一万所帯くらいあったのですが、僕は新車の訪問セールスの仕事をしていたので名刺を持って正々堂々と1軒1軒訪問できるわけです。

本当に軒並み訪問し、表札を見ながら同じ名字の家があると訪ねてみて、でも行ったら全然違う人だったとか、そんなことばかりで簡単には会えませんでした。

それから1年くらい経ったときに、また彼女と同じ名字の家に訪問してみたところ駐車場にホンダのシビックという古いクルマがありました。

訪ねてみると、お母さんが出てこられました。昔は車に貼ってあるステッカーで車検の年月日がわかるので、僕はセールストークで尋ねてみました。

「今年の夏、車検ですけど、車検をお受けになりますか？」

「これは娘のやけん、私はわからんばい」

お母さんは博多弁でそう言います。

「ああ、そうですか。じゃ、今度の土日に、軽自動車の新型車の発表展示会があるので、娘さんも一緒に遊びにきてください。イベントですので、ポップコーンがもらえたり、いろいろ楽しいことがありますよ」

僕は案内状をお母さんに渡し、展示会の日を迎えました。

すると会場にあの「3番の人」がやって来たんです。

僕自身もびっくりしました。

そしてその約3ヵ月後に、「3番の人」が僕から新車を買ったんです。

野球をやめて福岡から沖縄へ
告白できないまま運命の人との別れ

3番の人を探し当てて出会うことはできたのですが、僕は臆病者なので何も言えませんでした。

たまたま彼女のお母さんが福岡市内で、小料理屋をひとりで切り盛りしていて、土日は寮のご飯が出ないので、僕はその店に食べにいってたんです。

そこへラッキーなことに土日だけ、彼女とお姉さんが店を手伝いに来ていました。

せっかく車も買ってもらって彼女と出会ったばかりでしたが、僕はヒジと肩を故障したので、野球をやめて沖縄に帰るという話をしました。

送別会もそのお店でしてくれましたが、やっぱり臆病者なので彼女に何も言えないんです。

送別会からの帰り際に、勇気を出して彼女に聞いてみました。

「沖縄って行ったことありますか？」

彼女はないと言うので、僕は10月15日に沖縄に戻るから、もし沖縄に来る機会があったら、連絡してちょうだい、僕が沖縄を案内しますと伝えたんです。

そしたら3ヵ月後のお正月に、彼女が友達と一緒に本当に沖縄に来てくれたんです。

2泊3日で沖縄をいろいろ案内して、最後の日に2人を見送り、「さよなら」って言うちょっと前に、勇気をふりしぼって彼女に言いました。

「今度、もしよかったらひとりで沖縄に来て」

そしたら夏に彼女はひとりで沖縄に来たんです。

僕はそのときに初めて、テレビで彼女を見たときからずっと同じ思いでいたこと、だから僕は仲間たちを結婚式の同じテーブルに座らせて、あなたとキャンドルサービスをするってずっと夢に見ていたことを彼女に伝えたんです。

まだ恋人同士みたいではなくて、お互い敬語でした。

彼女もお付き合いをＯＫしてくれて、では気が変わらないうちに、ということでそのまま僕も福岡に行って両親にあいさつにいくことになりました。

幸運をひきつけることができなければ努力しても夢はかなえられない

いま考えてみると、妻になかなか告白できなかった僕は単なるいくじなしでした。

当時は、流れ星が流れている間に願いを3回唱えたらかなうという話をよく聞いていたので、そんなことも実践していました（笑）。

僕がいた福岡の寮は4階建てで、那珂川《なかがわ》という山の上のほうの町にあったんです。

屋上で洗濯物や布団を干していると、夏や秋に星がいっぱい見えるんです。

流れ星もよく流れていたので、願いごとを唱えたり、本当にバカみたいなことも、いっぱいやりました。

彼女に断られるのが怖かったので、なかなか思いを伝えられなかったんです。

でも結婚式のキャンドルサービスだけは実現したい、というイメージは持ち続けていました。

妻との結婚式のテーブルに仲間を呼んだ写真はちゃんと残っているんですが、僕が想像していた以上に「こいつ本当にやりやがった」って顔でみんな見ていました。

いま、高校生や社会人のみなさんの前で講演をするとき、会場にいる方々の顔ぶれを見て、妻とのなれそめの話をするときがあります。

その話によって僕は何を言いたいかというと、**夢というのはうまくいかないときも、無理だと思うときもいっぱいあるけど、自分で自分を信じて、強く思ったら何かが味方をしてくれて、幸運がやってきて、かなえられるときもあるということです。**

僕はちょっとくらい人から笑われても、「無理だろ?」と言われても、「え? そんな夢?」とからかわれても、妻とキャンドルサービスをする夢を絶対にかなえたい、どんな努力をしてでもかなえるだけの価値があると思いました。

しかし幸運をひきつけられない人は、どんなに強く思っても、もちろん思うだけでは夢はかないません。

妻と結婚したときはまだ「夢をかなえる黄金の5ヵ条」は思いついてなくて、僕が幸運をひきよせた理由や幸運をひきつける習慣、人間力を身につける方法はまだ自分のなかで形になっていませんでした。

でも運がよかったとは思っていました。

運がよかったから結婚もできたし、テレビで見たこの人が男の子を生んで野球を教えたら足の速い良い選手になるだろうなとイメージしたとおりに男の子が生まれ、それも4人も授かり、そこから「夢をかなえる黄金の5ヵ条」が生まれてくるわけです。

自分でも運がよかったな、不思議だな、すごいなと思うことが起きたのは、妻と出会ったときがはじまりです。


妻は4人の息子の大ファンです。

野球の試合を見にいって、スタンドから名前を呼んだときに息子たちが合図をしてくれたら、自分の子供にもかかわらず喜ぶんです。

「お父さん、修が手を振ってくれたよ！」

「はあ？　お前、家に帰ったら会えるだろ」

長男次男三男は県外の明豊高校に進学しましたが、四男坊は沖縄尚学に進学して、唯一、地元沖縄で野球をやったので、予選の応援にも行けて、手を振って振り返されたりできて、喜んでいました。

親なんだけど、まるでファンが高校球児を応援するような、アイドルに手を振ってもらったみたいな、なんだかおかしいな（笑）ということを経験しました。

妻はずっと息子たちのそばでそういうことがしたかったのでしょう。

妻から見る夫
「こんなに優しい人がいるんだな」

夫と出会ったころのことはかなり昔の話ですが、思い出すと、沖縄の人だったのでスローテンポでゆったりした感じ、よく言えば穏やかなしゃべりかたが印象的でした。初めて会ったのは新車の展示会で、母と一緒に行きました。

テレビで私を見て……、という話は後になって聞きました。最初はそのことはいっさい言わなかったです。たまたま訪問販売で回ってきました、というふるまいでした。私としてはたまたま回ってきたセールスマンがいたので、はい、車を買いにいこうかという感じだったと思います。

会社の寮の近くに母の小料理屋があって、そこにも食べに来るようになって、それから一緒に遊びに行ったりするようになりました。

それが突然「もう沖縄に帰るよ」と言われて、こっちが気になり出したころに逆転されたみたいな気分になりました。

のろけるわけではないですが、こんなに優しい人がいるんだって思ったんです。

やっぱり私の周りは九州男児しかいなかったので、**生まれて初めてこんな優しい人がいるんだなって思っていました。**

でも年に何回か沖縄に遊びにおいでよ、と言われて、遠距離恋愛みたいな感じが続いたんです。

私はスポーツが大好きで、ずっと陸上をやっていました。

父が野球好きだったので、小学生のころに父とよくキャッチボールをやったりプロ野球に連れてってもらったりしていました。それもあって私も野球が好きだったので、夫と野球の話では盛り上がりました。

当時は携帯電話もないし、手紙はずっとやり取りしていました。私は捨てましたが、夫は手紙を残していると思います。

テレビで私を見て探し当てたという話を初めて聞いたときはびっくりしました。

「怖い！　そこまで？」とちょっと思いました（笑）。

ずっとお盆と正月に沖縄に行って、たまにしか会わないこともあって、「優しい」しかなかったから、ああ、この人と結婚したいなと思って母親に相談しました。

「優しいだけではダメ。優しいだけではいかんと！」

母はそう言って最初は反対しました。

いま考えたら親の気持ちもわかります。

だけどいまは、母親が一番、夫が大好きなんです。

母はいま施設に入っていますが、たまに会いにいったらいつも言います。

「さーみが娘をもらってくれてよかった」

夫は正美なので「さーみ」とみんなから呼ばれています。

そんなにほめられて……と思いますが、母の優しさをすごく感じます。

結婚を機に私は沖縄に行きましたが、博多を離れることがさみしいという気持ちは全然ありませんでした。

沖縄がこんなに遠いともあまりピンと来てなくて、あまりよく考えずに来ちゃったんです（笑）。

でも遠いなあとは思いました。たまにはちょっと喧嘩するじゃないですか。

「帰る！」

そうはいっても……飛行機か……。それで気持ちが落ち着きます（笑）。

車で飛び出して家に帰る、というのができない距離なので。

夫は車のセールスマンだったので、土日に野球を教えてないころは、家にいないときのほうが多かったです。

福岡ではけっこう厳しいなかでセールスをしていて、沖縄に帰ってきたらみんなフレンドリーだから「あれ、こんなんで売れるんだ！」と言っていました。

それは福岡で一生懸命やっていたお陰だと思います。

みんなが応援してくれてトップセールスマンに

福岡で新車の訪問販売をやってきたえられたので、地元の沖縄に戻ってきたら、もっと車を売ることができました。

新人のときは月に7~8台売ればまあまあノルマは達成しているという感じなのですが、先輩の営業マンは15台16台という数字を発表しても、月頭のミーティングで営業部長は決してほめたりしません。

ベテランのセールスマンは、一ヶ月の目標が17台で、必ずみんな1台足りないんです。だからいっぱい売っているのに怒られていました。

僕は新人だったので文句は言われませんが、20数名の営業マンがひとりずつ発表して、僕も軽自動車5台、パジェロ1台、ランサー1台……と発表し終わったときに、営業部長の顔を見ながら想像したんです。

〝1ヶ月で1日1台、もし月頭のミーティングで31台売ったと僕が発表したら、この部長はどんな顔をするんだろう……〟

そしたら**ワクワクしてきて、よし、やってみようと思ったんです。**

そこで僕は何をやったのか。

このときは飛び込み訪問ではなく、工場にある車検のリストを見て、3ヵ月以内に車検を受けなければならないお客さんの家を訪問し、車検か買い替えか聞いて営業していたのですが、この営業をとにかく件数こなすことにしました。

さらにそれだけでは足りないから、社内の経理部など販売の営業ではない部署の人たちに、営業したんです。

「1ヵ月に31台売るって目標を自分でやるって決めたわけさ。誰にも言わんでよ。紹介してくれるお客さんに一生懸命説明に行くからさ。別に確実に買ってくれる人に声をかけてるんじゃなくて、じゃ、私のおじいちゃんのところに行って、友達のところに行って、そんなのでいいから」

とにかく野球で言えば、打席にいっぱい立ちたいわけです。

「お願いします。協力してください。あなたの力がないと達成できません！」

同級生や過去のお客さんに、

「実は31台という目標を個人的に目指していて……」とどんどん話しました。

奇跡的に僕をトップセールスマンに作り上げてくれたのは、みんなからの応援です。

そんなふうに真剣に何かやろうと思ったらアイデアが湧いてきて、半年後に34台を達成できました。

31台が最初の目標でしたが、いっきに34台まで販売することができたのです。

「よし、こいつのためにがんばってみよう」

そうやって応援してみようという気持ちになってもらえたことが、営業の数字につながったと思います。

人に僕の熱い思いを伝え、受け取ってもらえたからこその成果で、自分だけではできません。

34台を達成したときに部長はどんな反応するのかなとワクワクしていましたが、僕が思っているより驚いていました。

ちょうど三菱自動車の調子も良かったころです。

パジェロやデリカ、良い車がいっぱい発売されていたので、それもラッキーでした。

このときもいま思えば、いつのまにか「夢をかなえる黄金の5ヵ条」を実現していたのです。

妻から見る夫
5カ条の教えは「大人になるための準備」

みなさんから本当に言われました。男の子4人もお母さん大変ね、って。

私からするとバスケとサッカーとか、女の子と男の子とかで、あっちへ送りこっちへ送りというお母さんのほうが大変だと思うんです。

うちはみんな同じところで野球をやっていたので、朝から移動とかの苦労は、本当にみなさんが思うほど私はやってないと思います。

本当に私は手抜き名人の母親で（笑）、みなさん野球の試合を途中で抜けてご飯を作りにいったり、夜もていねいにドロを落として洗濯を2回したりと聞くと、私、全然やってないよと思うんです。

大変だったかもしれないけど、夫のお父さんお母さんもいつも試合を見にきてくれて、お義父さんがパンの職人さんだったので、いつもサンドイッチとかを持ってきてくれてたのも助かりました。

お弁当を作ったり、息子たちが帰ってきたときにおいしいご飯を食べさせたり、そういう手間をしなかったぶん、本当に楽させてもらったと思います。

息子たちの活躍をずっと見ておきたかったので、試合を抜けて洗濯しにいくとか、そんなこと想像したこともありませんでした。

だからいま大人になっても「あのときこうだったよね」と一緒に話ができます。だから絶対に手抜きをしてでも、見ておいたほうがいいですよ(笑)。

子供のときって一瞬ですからね。それをみなさんに伝えたいです。

子供たちが「夢をかなえる黄金の5ヵ条」をすぐに実践したかどうかはわからないのですが、**以前は全然そんなことやってなかったのに、確かに急に靴を並べだした、というのはありました。**

特別なことでもないし、気持ち次第のことだから、無理やりこうしろ、ああしろ、と言うようなことでもなかったような気がします。

息子たちが学校でも靴をそろえていたかどうかは、私もわかりません。

学校でどうしていたかは見てはいませんが、家ではそれこそ一番小さい幼稚園児の末っ子なんてすごく実践していました。

その記憶が強くて、私もやっぱり習慣になっています。いまでも外から帰ってきて、家のなかにパッと入りたいけど、「あ！　いけない」と思って、ちゃんと靴をそろえています。私自身も含めてみんな習慣になりました。

息子たちはおとなしくいい子にしていたわけではないと思いますが、みなさんから応援してもらえてる感じにはなっていました。いまでも小さな子があいさつしてくれるだけで、かわいいねと思ってしまいますが、みんなそういう感じで見ますよね。

そう考えると、私たち夫婦二人だけで育てたわけではありません。

おじいさんおばあさんも息子たちを大切にしてくれました。

おじいさんは亡くなりましたが、おばあさんも大事にしてくれました。

だからおばあさんはいまも、私が育てたよって言います。本当に感謝してますっていつも言ってます。金銭的な面もいろんなことも、夫のお母さんに感謝の気持ちしかないです。たまたま4人全員が男の子で、本当にたまたま野球で育てることができた、と思っています。

私も夫の講演会によく行きますが、私は息子たちに甲子園へ連れていってもらったという思いがあり、**あいさつや感謝の気持ちなどの誰でもできる簡単な「大人になるための準備」**のようなことは知っておいたほうがいいし、夫の教えが少しでも心に響く子がいて夢がかなうならば、伝えてあげたいなと思います。

夫の講演を聞くたびにいつもちょっとウルっと涙ぐんでしまうんです。

講演を聞いて涙する子供たちもお母さんたちもいっぱいいるので、聞いて損はない、たくさんの人に伝えてあげたいな、と思っています。

話をどう受け取るかは本当にみなさんそれぞれで、子供に教えるだけでなく、大人が5ヵ条を実践しても遅くありません。大人なっていまさらと思うかもしれませんが、自分を変えることはいつでもできます。

私も夫に出会って教えられたことがいっぱいあります。私は本当に何もできない人だったから(笑)。

でも、私のほうがちょっと強いから「私に歯向かったらいいことないよ」「私に何か文句言ったらばちが当たるよ」と夫には言っています。

「はい、わかりました」

夫はいつもそう言ってくれています(笑)。

第5章

「ありがとう」が「夢」をかなえる

感謝の心がないと夢はかなわない――「夢」の字が「ありがとう」の字に

夢というのは逃げていかないんだよ。

レギュラーになりたい、全国大会に出たい、県大会に出たい、という夢は逃げていかない。

でも、お前たちが勝手に三振したりエラーしたり、うまくいかないときに夢からあきらめて離れていくんだよ。

だから夢はつかまえてもらえるのを楽しみに、じっとお前たちのことを待っているんだよ。


そんな話を子供たちによくしていました。

そしたらある夜、僕の夢のなかに、夢がふわふわ浮きながら出てきたんです。

漢字で書かれた夢の字が、ふわふわ浮きながら私をつかまえてちょうだい、って言うんです。

いろんな人が近くまできてくれるけど、みんな私から離れていく。

だから私をつかまえて。

そんな内容の夢でした。

僕はわかったと言って、何回もジャンプして夢のどこかをつかまえたんです。

そしたら夢さんがお礼を言いました。

「つかまえてくれて、ありがとう」

そしてどこが目かわからないけど自分の涙で溶けて形がくずれていくんです。

さらに泣くので、**だんだん「夢」の漢字が、ひらがなの「ありがとう」という字になって**フェイドアウトするような、消えていくような夢でした。

変わった夢を見たな、と思ったのですが、漢字の「夢」が「ありがとう」になったということは、夢はありがとうになる、ありがとうで夢が書けるということに気づきました。

それで新聞のチラシの裏に書いたりしたんです。

次に色紙に書いて、少年野球で指導をしていたら「ありがとう」が多いチームになってきたんです。

「いいか、夢というのはどんなに自分でがんばってもかなえられない、できないんだよ。感謝のありがとうという心がいつもあって、努力をする、そうでないと夢はかなえることができないんだよ」

そういう話をすると子供たちも腑に落ちて「ありがとう」が増えるチームになっていきました。

お父さんお母さんもそれを見ていてくれて「監督、ありがとうが夢になってますね」とチームのユニフォームの背中に大きく書くようになったんです。

僕が監督を務めていた浜川ジャイアンツは、北谷町という田舎の少年野球のチームですが、「夢＝ありがとう」の話がだんだん盛り上がってきたら、いままで1回も県大会に行ったことがなかったチームが、不思議なことに県大会に行けたんです。

そして県大会でも幸運が重なって優勝して、全国大会に出場しました。

会場は札幌ドームです。

沖縄の子たちが札幌ドームまで行きました。

父母もびっくり、子供たちもみんなびっくりです。

いまだに大分の明豊高校、沖縄商学、宇和島ボーイズの応援Tシャツの背中には「夢＝ありがとう」の文字が入っているんです。

この夢の物語を子供たちに話すようになって、本当に変わりました。

「夢＝ありがとう」の文字を見て訪ねてきてくれた男性

あるひとりの男性がいました。

その人は白血病の治療のため入院していました。

そして新聞に載った僕の「夢＝ありがとう」の文字と記事を読んだときに、目標ができたそうなのです。

彼、辺土名《へんとな》勉さんは薬の袋を広げて、白紙の部分に思いついたことを鉛筆で書きました。

自分はこの新聞記事の砂川正美さんに絶対に会いにいく。

そして手を取って元気をもらう。

ある日、僕の会社に無精髭の男性が訪ねてきました。

「お客さんが見えていますよ」

受付の女性に呼ばれて会ってみたら見たことがない人です。

「どうもはじめまして」

そう言うと、むこうもはじめましてのはずなのに、

「砂川さんですか？」

といきなり僕の手を取りました。

そして号泣するんです。

やっと落ち着いたあとに彼の話を聞きました。

自分は数ヵ月前にがんで入院して、なんで自分だけがこんな病気になってしまったんだ……と絶望していたと。

でも、この字を見たときに、はっと気づいたそうです。

自分には娘が二人いて、絶対にこの子たちの花嫁衣装を見るまでは死ねない。

そしてこの字を書いた砂川さんに会いにいってお礼を言おう。

これがそのときの僕の決意ですと、薬の袋に書かれた言葉を僕は読ませてもらい

ました。

この「夢＝ありがとう」という文字は、人をそういう気持ちにさせる不思議なもののようです。

辺土名さんとは初対面でしたが、

「砂川さんは仕事をやめてもらって、この文字を日本中に、世界中に広げて、僕みたいな人を助けるような仕事をしてください」

と言われました。

いや、そうは言われても……というエピソードなのですが、いまでも彼とはお付き合いがあります。

お元気になられて本当によかったです。

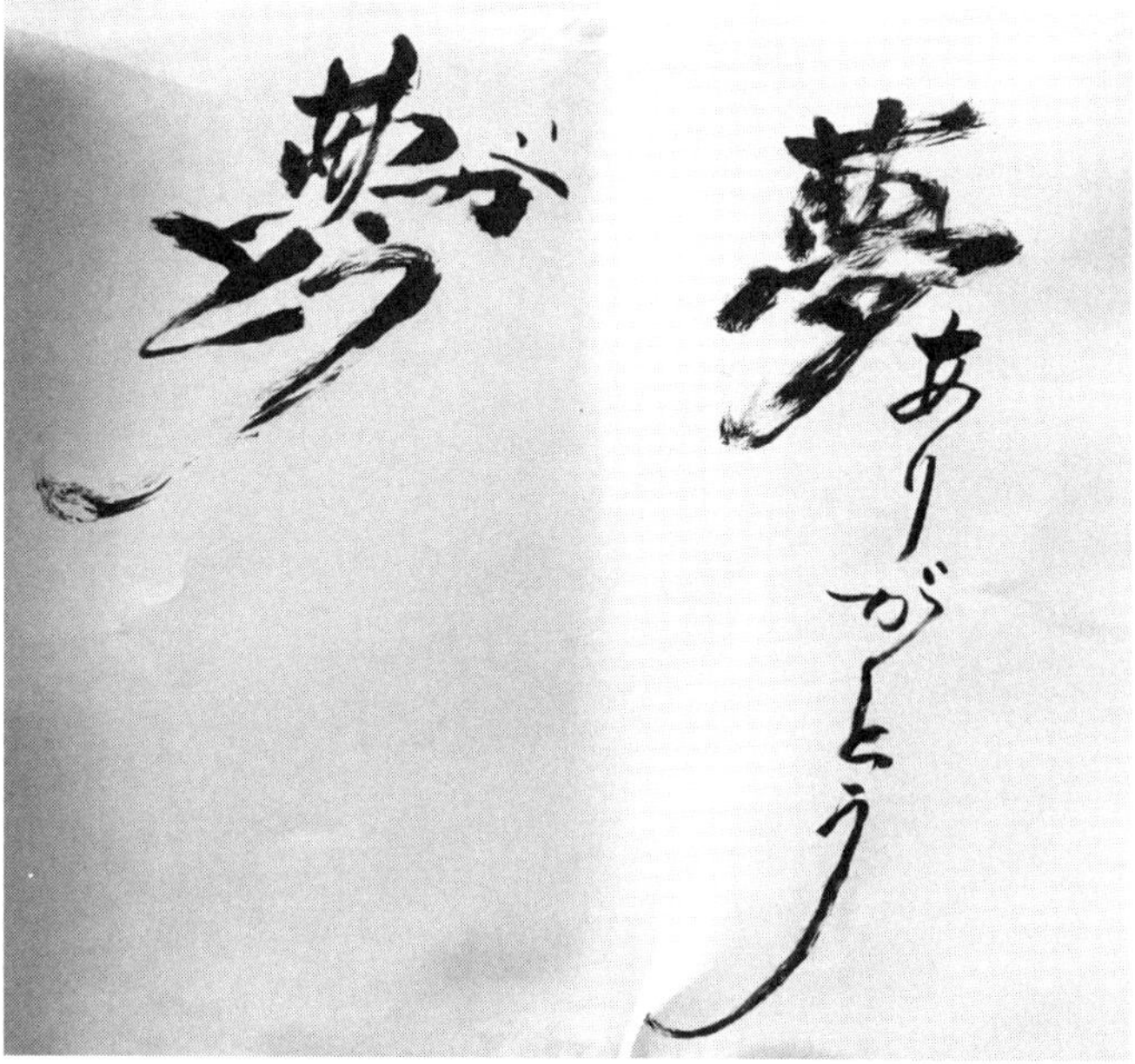

「ありがとう」の文字が「夢」という字に。感謝の心がないと夢はかなわない、という思いが込められている

「夢」の字を息子の部屋に飾りたい…！文字の力で出会ったお母さん

辺土名さんに会ってまだ数日しか経ってないころに、僕の記事が載った沖縄タイムスに、ある女性から問い合わせがありました。

彼女は大城さんという方で、電話をしてみたところ、「夢＝ありがとう」の色紙を売ってくださいと言うんです。

待ち合わせ場所に行ったら、50代ぐらいの女性の方が現れました。

彼女が言うには、自分には息子がいて大分の大学に行っている。

息子さんは「夢」という字が大好きで、いろんな有名な人が書いた「夢」の文字を自分の部屋に飾っていたそうです。

それで砂川さんの色紙も彼の部屋に飾りたいと思ったので、今日お願いしに来ました、と彼女は言いました。

「いいですよ」

色紙に書かせてもらうと、彼女は喜んでにこにこしていました。

僕は息子さんについて知りたくてなって、質問してみました。

「何かスポーツはされていたんですか？」

「バスケットボールをやっています」

「いまは大学の何年生なんですか？」

「3年生」

彼女は息子さんについて明るく話します。

でも僕はなんだかところどころ歯切れが悪いな、と思いながら聞いていました。

「息子さんはいま、バイトか何かされているんですか？」

「いえ、バイトはしてません」

「あ、では仕送りとか大変ですね」

「自分でどうにかやっています」

バイトもせずに……何か変だな？　と思っているうちに、大城さんは急に下を向いて泣きはじめたんです。

よくよく聞いたら実はこの息子さんはもうこの世にいないことがわかりました。

彼はアパートからバスに乗ってアルバイトに通っていたのですが、不便なのでバイクを買いたいから、ちょっとお金を応援してくれという相談があったそうなんです。

息子さんはひとりっ子でした。

お父さんとお母さんは

「いや、バイクは絶対に危ないからダメ」

とずっと買うのを許しませんでした。

ところがある日、あんなに田舎だし、あれだけ安全運転すると言っているし、かわいそうだからと、ふと夫婦でバイクを了解してしまったそうなのです。

その後、本当に不幸なことに、冬の路面が滑る場所でダンプカーと衝突し、息子さんは亡くなってしまいました。

でも、この子は砂川さんの「夢＝ありがとう」の文字を部屋に飾りたいと喜んでくれるだろうと思って、嘘をついてごめんなさいという話をしてくれたんです。

人の心を動かす文字の力というのはすごいんだなと改めて僕は思いました。

野球小僧たちを元気にして、感謝を伝える「ありがとう」の大切さを教えることにも役に立ちますが、大人にも、何かで悩んだり落ち込んだりしている人にも元気や勇気を与えるということを経験させてもらいました。

こんなことがあるなんて本当に夢にも思いませんでした。

思いを手で受け留めて明るく照らす、雅号「手《て》留《る》照《てる》」のエピソード

僕の雅《が》号《ごう》は「手留照」と言います。

書を揮《き》毫《ごう》する人はペンネームのようにこの雅号というものを持つのですが、僕は手留照とつけてもらいました。

僕は書道家でもないので、雅号なんて知りませんでした。

長男の担任の先生の同級生だった宮城さんは病気で入院生活を送っていました。

宮城さんは僕が紹介された新聞記事を持っていて、この「夢＝ありがとう」の文字を誰か自分の病室に持ってきてくれないか、とお見舞いに来る人にいつも言っていたそうです。

長男の先生は、お見舞いにいったときにそのことを知り、「この文字を書いている

人は私の教え子のお父さんだよ」と教えてあげました。

それならぜひ、色紙を書いて持ってきてほしいと、先生は宮城さんにお願いされたそうです。

さっそく先生から僕に電話がかかってきました。

僕はどうせなら書くところも見てもらいたいから、先生と一緒に行って、本人の目の前で書いてさしあげましょう、と提案しました。

訪ねた先は宜《ぎ》野《の》湾《わん》病院というがん専門の病院でした。

僕は初めて行く場所でした。

個室の病室ですが、ドアを開けるとびっくりするほどいっぱいの機械につながれていて、会話はできません。

だから小さなホワイトボードで筆談するんです。

筆談もちょっと苦労しながらやりました。

「宮城さんの目の前で書きましょうか」

僕はそう声をかけて書いたんです。

書き終わったあと、子供の消しゴムを彫刻刀で削って作った印鑑を、ポンと押してあげたら宮城さんに質問されました。

「砂川さんには雅号はないんですか？」

僕はそのとき初めて、雅号という言葉を知りました。

「雅号とはなんですか？」

「書を書く人のペンネームですよ」

宮城さんは書をされていたとのことだったので、それならば僕の雅号を考えくださいと言ったんです。

「いや、私は人の雅号を考えるぐらいのものではないですから」

「いや、せっかく言い出しっぺなんで」

そんなやり取りをしました。

そしたら宮城さんは、実は自分はもうあと半年生きられるかどうか……と言われているとと言うのです。彼はまだ30代なのに。

そして「手留照（てるてる）」という雅号を提案してくれました。

相手の話を聞いてあげて、それを手で受け留めて相手の気持ちになって、この人にはこういう言葉が一番合っているなというのを書いてあげて、お互いの心を明るく照らすという意味だそうです。

「ああ、いいですね、この名前。では僕はいまから書を揮毫したときに、この手留照という名前を書かせてもらいます」

手留照の「照」は宮城克照《よしてる》さんの「照」です。

「本当はもうちょっと生きたいと思ったけど、自分の命、魂をこの1文字に入れさせてください」

「宮城さん、もちろんＯＫですよ」

そんなお話を宮城さんとしました。

その後、2、3ヵ月して先生から連絡がありました。

宮城さんは半年持たず、もう少し早く他界されました。

それからずっと、僕は文字を書くときには手留照という落款を押させてもらって、講話をするときも、僕は手留照になりきろうと思ってやっています。

砂川正美は、本当はちょっと恥ずかしがり屋で講演家のガラではありません。

せっかくお願いされて人前でお話しするので、恥ずかしいとか緊張するとかはこっちに置いておいて、手留照という、話をして元気を与えるような人になりきろうと思い込んでやっています。

それ以来、講話の依頼もけっこう増えて、大学の入学式で２０００人に向けて講演するというオファーもありました。

そんなとき僕には心の支えがあります。

いっぱいの人が観る大きなステージに行って、変かもしれないけれど、こっちに克照さんがいる、応援してくれている、克照さん、手留照がしゃべるからお願いしますよ、とひとりで語りかけるんです。

手留照の背景にはそんなエピソードがあります。

「手留照」の雅号を心の支えに講演や書で活躍中

いま、僕にも夢があるんです。最後にそれを教えます。

学校などでお話をしたら、ときどき先生が子供たちの感想文を送ってきてくれることがあるんです。

いまは1万人以上の感想文を大事に持っています。

そのなかにはこの5カ条を実践して、大学の水泳選手として、テレビにも出るような活躍をしている子がいたりするんです。

なかには僕が知らないところで、子供のころにこの5ヵ条を聞いて、夢をかなえたという人もいると思うんです。

「実は小学生のころに講演を聞いて実践していました」

「中学生のときにそんな話を聞きました」

ふとしたときにテレビやラジオで、そんなふうに言う人が現れることが、僕の夢のひとつですね。

最近はお話の最後にみんなに言うようにしているんです。

僕にも夢があるんです。

今日、聞いてくれたみなさんのなかに将来「夢をかなえる黄金の5ヵ条」をあきらめずにずっと実践して、がんばったら、こんなふうにして夢がかないましたっていう人がいたら、それをたくさんの人に伝えてちょうだいね。

これが僕の夢ですから、って。

あなたの夢はなんですか？

その夢をかなえたかっこいい
自分の姿を想像する

感謝の気持ちを言葉で伝える

あいさつの達人やコロコロ大作戦を
実行していますか？

砂川正美（すながわ　まさみ）

1961年生まれ。沖縄県那覇市出身。

小中高と野球ひとすじのいわゆる野球小僧として育つ。大学時代はピッチャーとして4年間で27勝の実績を残す。

社会人野球では九州三菱自動車に所属。社会人野球を引退後、沖縄へ戻ってからは牧港自動車で新車の販売に専念。１か月で34台という異例の販売実績を残すトップセールスマンであった。

少年野球のコーチ、監督を15年務める。

自身の4人の子供たちも高校球児の夢である甲子園へと導いた。

現在は学校、企業団体からの講演依頼を多く受ける。

https://www.yume39.com/

ブックデザイン　平塚兼右
イラスト　みの理

4人《よにん》の息子《むすこ》を甲子園《こうしえん》に送《おく》った父《ちち》が教《おし》える
夢《ゆめ》をかなえる黄金《おうごん》の5ヵ条《じょう》

2024年4月25日　初版発行

著者　砂川正美《すながわまさみ》
発行所 株式会社二見書房
東京都千代田区神田三崎町2-18-11
電話 03（3515）2311［営業］
03（3515）2313［編集］
振替 00170-4-2639
印刷　株式会社 堀内印刷所
製本　株式会社 村上製本所

落丁・乱丁本はお取り替えいたします。

定価は、カバーに表示してあります。

ISBN978-4-576-24010-7
https://www.futami.co.jp/